People's yearning for a good and better education
is the goal for me to strive for.

人民对优质教育的期盼，就是我的奋斗目标。

不做总统，就做孩子王

校长日志

张洪亮 著

中国发展出版社

图书在版编目（CIP）数据

不做总统，就做孩子王：校长日志/张洪亮著 . —北京：中国发展出版社，2014.8

ISBN 978 – 7 – 5177 – 0211 – 5

Ⅰ.①不… Ⅱ.①张… Ⅲ.①基础教育—教育工作—文集 Ⅳ.①G63 – 53

中国版本图书馆 CIP 数据核字（2014）第 168745 号

书　　　名：不做总统，就做孩子王：校长日志
著作责任者：张洪亮
出 版 发 行：中国发展出版社
　　　　　　（北京市西城区百万庄大街 16 号 8 层　100037）
标 准 书 号：ISBN 978 – 7 – 5177 – 0211 – 5
经 销 者：各地新华书店
印 刷 者：北京科信印刷有限公司
开　　　本：880mm×1230mm　1/32
印　　　张：7
字　　　数：129 千字
版　　　次：2014 年 8 月第 1 版
印　　　次：2014 年 8 月第 1 次印刷
定　　　价：25.00 元

联 系 电 话：（010）68990642　68990692
购 书 热 线：（010）68990682　68990686
网 络 订 购：http：//zgfzcbs. tmall. com//
网 购 电 话：（010）68990639　88333349
本 社 网 址：http：//www. develpress. com. cn
电 子 邮 件：forkids@ sina. cn

序 言

俗话说，家有半斗粮，不做孩子王。尤其现在的小孩，其教育难度远高于以前。但是，一把钥匙开一把锁，只要真正做到无条件地关爱孩子，走进孩子的心灵世界，我觉得天底下再也没有比做孩子王更幸福的了。

从十九岁参加工作到现在，整整三十年，我一直在做孩子王，而且越做越欢喜，越做越自在，有生之年，也还将继续欢喜自在地做下去。

我享受在学校的每一刻。在早晨的清风里，教学楼前的梧桐叶层层叠翠，如翩跹的羽衣。古人说，栽下梧桐树，自有凤凰来。梧桐的浓荫里，掩映着孔夫子的雕像。当我从像下走过，仿佛总能闻到历史深处的气息，总能聆听到圣者的教诲：玉不琢，不成器，人不学，不知道。是故，古之王者，建国君民，教学为先……

我享受每一个清新的早晨，站在教学楼前，迎接每一位孩子的到来。孩子们争着跟我打招呼，灿烂的笑容，就像阳光洒在海面上。我享受每一个宁静夜晚，住校的孩子们都睡了，老师也都下班了，我独自坐在办公室，反思一天的工作。经过一天的喧闹，沉睡中的校园如此寂静，如此醇美，空气里微微地沁出诗一般的芬芳。一个人只有内心自足、强大的时候，才有能力面对自己，享受内心的寂静。

常常想：如果能够一辈子心无旁骛，教书育人，既有"仁义礼智信、温良恭俭让"的修养，又受西方"自由、民主、博爱"的熏陶，面对现实，即便挨骂，也能做到忍辱负重、八风吹不动，这样的人格该是接近于完美的吧？遥念民国时期的大家，陶行知、晏阳初、梁漱溟等先生，虽不能至，心向往之。"教书不能发财，办教育也就不能发财。"张伯苓先生的这句话，我奉为圭臬。

国家的兴衰在于教育，教育的兴衰在于教师。从春秋时期的孔子到明清之际的顾炎武，再到近现代历史上以启蒙为己任的陈独秀、鲁迅、陶行知等，不仅学为人师，还有"兼善天下"的社会责任感，极大地推动了中国社会的进步与发展。

从站上讲台的第一天起，我就立誓做好这件普普通通而又责任重大的工作。三十年了，回顾过去，感慨万千，繁忙与辛苦自不必说，但我收获更多的是做人的尊严和快乐，它让我的人生丰富充实、绚丽多彩。

好的老师，一定具有良好的品行，他是生活的艺术家，淡泊物质，高度关怀社会现实，内心宁静，行为洒脱，一言一行都足以为人典范。教育，是建立在老师品行的基础上的，缺乏良好的师资，想要培养出品学兼优的人才很难。

朋友问我，从教三十年最大的感受是什么？下意识的，就想到了一首歌——我们要虚心、虚心、虚心：承认我们一无所知，一无所能。我们要学习、学习、学习：达到人所不知，人所不能。我们要贡献、贡献、贡献：实现文化为公，天下为公。修炼智慧之眼，磨出金刚之喙，展开大无畏之翼，涵养一心向真之赤心。观！静观大千世界；啄！啄开未知之门；飞！飞入神秘之宇宙；找！找出真理之夜明珠。衔回人间，饰在每一个人的额前……

这本书的内容也许简单，但无论如何，都源自我真实的生活，真实的表达，尽力不虚假、不虚伪、不哗众。如果读者有不满意之处，我只能为自己文字与思考能力的不足，深深表示歉意。

感谢中国发展出版社的包社长及编辑老师们，因为诸位耐心细致的编辑工作，我在这两年间的博客才得以结集出版；感谢学校的诸位同事，人生难得的机缘让我们工作在一起，大家的支持与关切让我每天都过得很充实、很幸福。尤其要感谢孩子们，你们就像带着露水的蓓蕾，如果我给你们的爱是一场春雨，那么你们则让我收获了整个春天。

最后要感谢的是家人，你们是我的幸福之源。

张洪亮

2014 年暑假

目　录

第一辑　致亲爱的孩子们

奔向欢乐的怀抱

当雷云在天上轰响，六月的阵雨落下的时候，

润湿的东风走过荒野，在竹林中吹着口笛。

于是一群一群的花从无人知道的地方突然跑出来，在绿草上狂欢地跳着舞。

——泰戈尔《花的学校》

清晨起床，看到窗外蔚蓝的天空如水洗过一般，不由得松了一口气，昨夜一场风吹散了雾霾。今天，是孩子们出去春游的日子。

来到学校，哇，已经是欢笑声一片了。同学们背着各式各样的背包，戴着时髦的太阳帽，热火朝天地谈论着，有的在谈论背包里带的零食、玩具，还有的在谈论昨天晚上是多么的激动，一张张鲜艳的小脸，洋溢着明亮的笑容。

听生活老师说，孩子们兴奋得睡不着，早上的食堂，孩子们比哪一天都到得早。有个低年级的孩子，憨态可掬地仰起小

脸告诉我："校长，我激动得一宿没睡。"我猜这个孩子是奶奶带大的，说话的样子明显在模仿老太太，我乐呵呵地问："一宿是多久啊？"孩子想了想，笑哈哈地摇头。

阳光明媚，春暖花开，在这充满希望的春天里，怎能不为孩子们安排一次恣意浪漫的春游活动？八点，整好队伍，出发！

我站在队伍正前方，目送着一个个班级整齐有序地走向大巴车，孩子们走过我们身边，声音整齐响亮地跟我打招呼"校长好"，还有的和我击掌致意，我愉快地跟孩子们挥手，预祝大家玩得开心、尽兴！

到了，到了，孩子们就像出笼的小鸟飞进快乐谷。热情的欢乐谷处处洋溢着朝气和活力，孩子欢呼雀跃的热闹场面，让欢乐谷越发显得春意盎然，光芒四射。峡湾森林、亚特兰蒂斯、失落玛雅、爱琴港、香格里拉、蚂蚁王国……这里充满着世界人文气息和创意智慧，梦幻般的世界，是孩子们的开心殿堂。

孩子们来到峡湾森林，泉水的浪漫、森林的幽静，带来清新的生态环境体验。

孩子们来到玛雅小镇，重新发现古老的玛雅王国遗迹，玛雅文明蕴含着太多的神秘、总能带给人无限遐想……

孩子们来到爱琴港，这里别有一番景致，早在古希腊文明兴起之前约800年，爱琴海地区就孕育了灿烂的克里特文明和麦锡尼文明。先前，对这一时期的了解主要来自《荷马史诗》，而后来希腊特洛伊出土的文物，又让西方人重新验证了传说的真实性。爱琴港主题区通过古代爱琴海边的故事，分成三部分：因火山废弃的城镇、新的海湾和文化古迹。因此在建筑形式上，有古代希腊特色的神庙、大型梁柱，也有反映现代希腊特色的小镇建筑。

孩子们来到了"尖峰时刻"游乐场，只见高高的铁架像火箭一样耸立着，一横排坐椅悬挂在空中，孩子们摩拳擦掌，跃跃欲试。坐在固定好的椅子上，工作人员一声令下，坐椅一下子把孩子们从地面托到了几层楼那么高，在这个地方，大约尖叫已成为一种习惯吧，别说孩子了，我在下面看着，紧张的心一下子提到了嗓子眼儿……还没等孩子们回过神来，忽的一下，铁架又把孩子们悬在了半空，最后，当孩子们回到地面时，全都在不停地大喊：我战胜了自己！为勇敢加油！

孩子们在玩"丛林飞车"……

孩子们在玩"激流勇进"……冲入水中的那一刻，一定有风驰电掣般的感觉吧？

午餐时分，孩子们在花树下、溪水边，铺开了小桌布，将美食一一摆上，除了学校发的，还带了薯片、海苔、巧克力等零食，大家在分享、合作中感受到了集体生活的快乐。这真是一次独特的体验，这真是一道难忘的风景线。

吃完午餐，孩子们自觉地把垃圾都捡起来放进袋子里，然后丢进垃圾桶。每次出游，绝对是对学校素质教育的一次检验，我为你们骄傲，孩子们！和你们一起在明媚的春光里，走出校门，走进大自然的怀抱，看天地造化之奇妙，看生活魅力之缤纷，放飞思绪，愉悦身心，是校长何等开心的事情！

比之于让孩子待在学校里，把孩子带进大自然似乎多了些风险，因为安全问题永远是首要问题，每次出游，最紧张的是老师们，他们盯着学生一刻都不敢放松，生怕发生意外。最小心的是校长，考虑到每一个孩子的安全问题，哪位校长敢掉以轻心？然而所谓风险，往往是管理层面的问题，只要组织得好，有安全意识，有防范措施，风险也是可以避免的。更何况，孩子们其实特别需要野外活动。与其说这是游玩，不如说这是教育的一部分，是课堂教育的延续和补充，更是素质教育的生动体现。

我们教育孩子，最终目的是为了让孩子更好地独立生活；我们保护孩子，最有效的办法是让孩子学会自己照顾自己；我们出游，恰是对素质教育的一次检验，我要看到孩子们良好的品格、风范，我要看到孩子们尊敬长者、扶助弱小、爱惜贫苦人。孩子们，你们不可说谎，不可骂人，不可在路上吃东西，没有得到人家的允许不可拿人家的东西，别人说话的时候不能随便插嘴，你们要爱惜花草和动物，东西用过后要放在原来的地方……如果做不到，你们的班主任就会有"麻烦"。

我热切地注视着孩子们，此时，我的孩子徜徉在爱琴港，展开了对古希腊文明的探险旅程。孩子们，你们知道吗？在古希腊语中，"学校"的含义就是闲暇。古典时期的"闲暇"，是一个非同寻常的文明概念，在古代的地中海区域，并不缺少丰富的物质享受，娱乐方面也时尚风流，闲暇既是一种生存状态和生活方式，也是一种生存空间和思想空间。因此，学校在广场、在剧场、在会场、在体育场……学校无处不在。

亲爱的孩子们，你们一双双清澈明净的眸子像星星一样闪烁，要知道你们的"学校"，不仅仅只在学校，也在大自然里，在三人同行之处，在花树下、在溪水边、在千里路上、在万卷书中、在一切充满着真善美的地方。

注视着你们，我想起了自己的少年时代。也许是赤足走在田埂上长大的缘故，我从小就喜欢一个人独自站在田野，看苹果林的灿烂，看麦浪的辽阔；也许是一个人常常思考问题的缘故，我喜欢在宁静中感受生命之美，常常一个人坐在河堤上，聆听沂河水轻轻流淌，麦田里有小虫子低鸣，蚕豆成熟的气息和身边野草散发的淡淡青味儿，越发衬托出周围的宁静，那是一种怎样的宁静！

回忆孩童时代，我们掏知了、戳马蜂窝、下河摸鱼……现在的孩子，如果将来回忆学生时代，印象最深的是什么呢？

所以我要让你们拥有快乐的学习生活，让你们在学生时代留下无限美好的记忆。教育，要为人的一生发展奠基，为人的幸福生活奠基。孩子唯有在幸福的、无忧无虑的环境里，才能保持好奇心和对未知世界的兴趣。学校教育，无非就是要保护好孩子的好奇心，呵护孩子探究世界的兴趣，我希望学校所提供的教育，就像送给你们的礼物，而不是作为一项艰巨的任务要你们去承担。

在花树下小憩时，孩子们纷纷走过来，围绕在我身旁。

"校长，您知道吗？什么东西没吃的时候是绿的，吃的时候是红的，吐出来的是黑的？"

"哇哦，这么深奥，我不知道呀。"

"哈哈，是西瓜！"

"校长，您知道吗？青蛙和狗比赛游泳，为什么狗赢了？"

"哇哦，这么深奥，我不知道呀。"

"因为它们比赛狗刨式游泳啊！"

"校长，您知道吗？动物园里大象的鼻子最长，那谁是第二长的呢？"

"哇哦，这么深奥，我不知道呀。"

"小象的鼻子第二长啊！"

哇哦，孩子们，校长被你们问倒了，好紧张哦。因为你们，我是如此的幸福和陶醉。此时，我想为你们诵一首诗：

当雷云在天上轰响，六月的阵雨落下的时候，

润湿的东风走过荒野，在竹林中吹着口笛。

于是一群一群的花从无人知道的地方突然跑出来，在绿草上狂欢地跳着舞。

妈妈，我真的觉得那群花朵是在地下的学校里上学。

他们关了门做功课，如果他们想在散学以前出来游戏，他们的老师是要罚他们站壁角的。

雨一来，他们便放假了。

树枝在林中互相碰触着，绿叶在狂风里萧萧地响着，雷云拍着大手，花孩子伱便在那时候穿了紫的、黄的、白的衣裳，冲了出来。

……

意气风发、踏歌而行。春游的一天，时光如流水，哗哗从我们身边流淌而去了。返回的时候，孩子们意犹未尽地告诉我：真希望春游再来一次！而在我的心底，祝愿孩子们每天都过得像春游这般快乐。

2014 年 4 月 10 日

在每一个守望的清晨……

少年易老学难成，一寸光阴不可轻。

未觉池塘春草梦，阶前梧叶已秋声。

——朱熹《劝学诗》

校园的黎明格外宁静，月亮渐渐隐没，星星也像捉迷藏的孩子，悄悄躲起来了。太阳还未苏醒，天空渐渐浮现出轻纱似的朝霞，给校园镀上了一层金边。

教学楼前高大的梧桐静静地伫立着，仿佛在等待同学们。古人说，栽下梧桐树，自有凤凰来。古人还说，凤翱翔于千仞兮，非梧不栖。梧桐树独有的气质，曾引发古人许多美好的情感和联想。巡查校园的时候，我常常会仰望梧桐，株株梧桐，高可参天，我对它们充满了虔诚与敬意。

记得有这样一首诗：苍苍梧桐，悠悠古风，叶若碧云，伟仪出众；根在清源，天开紫英，星宿其上，美禽来鸣。世有嘉木，心自通灵，可以为琴，春秋和声，卧听夜雨，起看雪晴，独立正直，巍巍德荣。同学们每天从梧桐树下走过，是否留意到了它的超然和诗意？

早在两千多年前，梧桐就与传说中的百鸟之王——凤凰联系在一起。"凤凰鸣矣，于彼高冈。梧桐生矣，于彼朝阳。"（《诗经》）凤凰只选择梧桐树栖息，可见梧桐所具有的神异性。

在早晨的清风里，教学楼前的梧桐叶层层叠翠，如翩跹的羽衣。当我走在梧桐树下，总觉得梧桐别有一种灵性，它异于桃花的妖娆、杨树的直白，于高洁浩然中透出一股勃发的力量；还有着坚忍、沉稳与豪然的气质。校园梧桐树的浓荫里，掩映着孔夫子的雕像。万物皆有灵，这尊雕像当然也是有灵的，每次从像下走过，仿佛总能闻到历史深处的气息，总能聆听到圣者的教诲：玉不琢，不成器，人不学，不知道。是故，古之王者，建国君民，教学为先……

清晨，一颗宁静的心与宁静的校园对话，乐在其中矣。也许只有精神丰富的人，才能真正享受到工作、生活的快乐幸福！少年时代，我曾一人置身于大山之中，也曾一人置身于空旷的田野，在黛青的薄曦中倾听大自然的呼吸，独享那能够震撼心灵的静谧，小鸟的翠鸣声、小虫的歌唱声……大自然组成了迷人的交响乐。凝神静听，露珠滴落，清澈灵动，庄稼拔节——噼啪的声音虽然轻微，却蕴含着巨大的力量。花的香、草的香、叶的香、树木的香、泥土的香混杂在一起，沁人心脾。大自然，让我身心放松，体验到天人合一。

太阳升起来了，住校的学生起床了，渐渐地，宁静的校园热闹起来——三三两两的学生走向操场，有的打球，有的跑步。晨光中，白色的校服显得格外整洁、格外精神。

走读的学生也陆续来到学校，师生们向教学楼走去，我站在教学楼前，迎接每一位老师、每一位同学的到来。清晨的美丽，在于她是一日之始。我喜欢在每一个清新的早晨，迎接每一位师生的到来。

我注视着你，少年，你如月之恒，如日之升。

我注视着你，少年，你是早晨的清新，神采飞扬。

我注视着你，少年，你的笑响点亮了四面风。

我注视着你，少年，早晨的气息是你的蓬勃，你求知若渴的心……

我热切地注视着你们，每一位少年都应当是阳光的代表，应当成为祖国之栋梁。少年代表着青春，代表着活力，少年人要有一份担当：今日之责任，不在他人，而全在少年。少年智则国智，少年富则国富，少年强则国强，少年独立则国独立，少年自由则国自由，少年进步则国进步，少年胜于欧洲，则国胜于欧洲，少年雄于地球，则国雄于地球。

我注视着你，少年，你是永远的黎明。"少年"是一个让人怦然心动的词眼，就像清晨、就像春天。当我唤你"少年"，你可知道，你的风采就像初升的阳光洒在海面上。我要向你学习，不愿意向少年学习的人，不配做少年的先生。一个人如果不懂得少年的心理、少年的问题、少年的困难、少年的愿望、少年的脾气，如何能教少年？如何能知道少年的潜力？

俗话说：腹有诗书气自华，少年一定要从内在修饰自己的心灵，多读书，多思考，做一个有内涵的人，做一个善良的人，多帮助别人，多为社会做些贡献。少年，你要懂得，腾不出时间学习的人，迟早会腾出时间来伤悲；腾不出时间思考的人，迟早会腾出时间来后悔；腾不出时间运动的人，迟早会腾出时间来减肥；腾不出时间孝敬父母、尊敬老师的人，迟早会腾出时间来流泪。

一位印度老人对孙子说，每个人的身体里都有两只狼，他们残酷地互相搏杀。一只狼代表愤怒、嫉妒、骄傲、害怕和耻辱；另一只代表温柔、善良、感恩、希望、微笑和爱。小男孩着急地问："爷爷，哪只狼更厉害？"老人回答："你喂食的那一只。"

不错，其实每一个人的身上，都依附着两个自己：好的自己和坏的自己。这两个自己是一对天生不和的兄弟，每天都在争斗，每天都在试图打败对方。一个积极的自己，一个消极的自己——当积极的自己打败消极的自己，人就表现出积极的一面；反之，表现出来的就是消极的一面。一个真诚的自己，一个虚伪的自己——当真诚的自己打败虚伪的自己，人就表现出真诚的一面；反之，表现出来的就是虚伪的一面。一个勤奋的自己，一个懒惰的自己——当勤奋的自己打败懒惰的自己，人就表现出勤奋的一面；反之，表现出来的就是懒惰的一面。

少年，走吧，去半路上迎娶春天。

少年，去吧，去知识的殿堂里遨游。在那里，心是无畏的，头也抬得高昂；在那里，知识是自由的；在那里，世界还没有被狭小的家园的墙隔成片段；在那里，话从真理的深处说出；在那里，不懈的努力向着"完美"伸臂；在那里，理智的清泉没有沉没在积雪的荒漠之中；在那里，心灵是受你的指引，走向那不断放宽的思想与行为……

我就像麦田里的守望者，我只想当一个麦田里的守望者。塞林格的那段话，仿佛在多年前就写出了我的心声：在一大片麦田里，几千几万个小孩子在游戏，周围没有一个大人。我是说——除了我，我的职务就是在那里守望，要是有哪个孩子往悬崖边来，我就奔过来捉住他，不让他掉下悬崖，而是让他永远快乐的奔跑，我整天就干这样的事，我只想做个麦田里的守望者。

校园的早晨，一片清新，一片蓬勃。

很快，教室里就传出了朗朗的读书声，整个校园仿佛成了一个神圣的殿堂，同学们在这里汲取着知识，追求着自己青春的梦想。新的一天在迎接着他们，希望在不远处发出灿烂的曙光……

2014 年 5 月 26 日

受冷落的孩子

我愿我能在孩子自己的世界的中心，占一角清净地。

我知道有星星同他说话，天空也在他面前垂下，用它傻傻的云朵和彩虹来娱悦他。

那些大家以为他是哑的人，那些看去像是永不会走动的人，都带了他们的故事，捧了满装着五颜六色的玩具的盘子，匍匐地来到他的窗前。

我愿我能在横过孩子心中的道路上游行，解脱了一切的束缚；

在那儿，使者奉了无所谓的使命奔走于无史的诸王的王国间；

在那儿，理智以她的法律造为纸鸢而飞放，真理也使事实从桎梏中自由了。

——泰戈尔《孩子的世界》

　　阳光灿烂的自习教室，孩子们三个一群，五个一伙，兴致勃勃地制作大幅海报。只有一个孩子撅着嘴，板着脸，独自在纸上涂涂抹抹。

　　我正好从教室门口经过，不由得进去看了看，孩子们画得都不错，撅着嘴的孩子当然画得也不错。我轻轻问他："你怎么没跟别的同学一组啊？"

　　孩子气呼呼地指着同学们说："他们，她们，都不愿意和我一组，嫌我画得不好，嫌我添乱！"

　　其他孩子不禁停下画笔，叽叽喳喳地告状："校长，他不好好画，尽捣乱。""他上次还把画故意涂黑一块，我们小组本来有可能获奖的，都被他搞砸了。"

　　撅着嘴的小男孩一听更生气了，几乎是叫喊着申辩说："我不是故意的！"

　　我告诉孩子们"安静，安静"，大家都专心画画去了。然后我坐在落了单的小男孩旁边，对他说："校长看着你画，要认真一点哦。"

　　不得不说，孩子真是创意无限，他画的天空是那样辽阔，云朵自由自在地徜徉在天际，草地上开遍了各种奇异的鲜花，一头牛眯着眼睛叫唤"哞……"，声音仿佛能从画面上传来。

　　我啧啧赞叹，夸奖他画得真好，然后温和地问："今天有没有调皮啊？"

　　男孩低头涨红了脸。

我接着说："你希望别人怎么对待你，那就应该怎样对待别人。"孩子亮晶晶的眼睛眨了一下，乖巧地回应一声"哦"，然后很快岔开话题，拿各种问题问我，这个小机灵鬼！

我趁机给孩子们讲了个故事。

从前有两个兄弟，一个和妻儿一起住在山的一边；一个还没结婚，住在山的另一边。有一年，兄弟俩的收成都特别好，哥哥在庄稼地里忙碌时想："我有妻子，庄稼多得超出我的需要，弟弟一个人孤零零地过，我比弟弟的日子好多了，今天晚上，趁我弟弟睡着的时候，我要把我的庄稼背几捆放到他的地里，当他明天早上发现的时候，怎么也想不到是我放的。"

在山的另一边，没有结婚的弟弟看着自己的收获，想到："上天对我真好，希望他对我的哥哥也这样好。哥哥家里有两口人吃饭，可是我的果实和谷物与他一样多。今天晚上，当哥哥一家睡着的时候，我要背一些粮食放到我哥哥的地里。明天，当他发现的时候，怎么也想不到是我放的。"

兄弟俩都耐心地等到了半夜，然后各自背着粮食朝外走去。正好在午夜的时候，兄弟俩在路上相遇。他们意识到对方的心意，互相拥抱在一起，高兴得哭了。

"我们应该像兄弟姐妹一样亲密，对不对？每个人都有长处，也都有短处，对不对？每个人都有优点，也有缺点，对不对？每天发生的事情，当然有开心的，也有不开心的，那我们为什么不多看看对方的长处，多想想开心的事情？我们为什么不能彼此包容，团结合作呢?"

这时，已经有同学走过来，说"我愿意跟某某一组"，接着又有同学走过来，"我也愿意"……刚才还撅着嘴的小男孩，此时，脸上的阴霾完全散去。我猜他的心里一定感到特别温暖。

我问："同学们能不能发挥集体的智慧，在课余时间为校长画一幅画呢?"

孩子们兴奋起来，大家愉快地答应了。

我问："画的主题由我来定好不好?"

孩子们异口同声说："好!"

"主题就叫：卖豆子的人。"

孩子们想了想，七嘴八舌问："卖什么豆子的? 是在自由市场卖豆子的吗?"

"你们可以尽量发挥想象，反正主题就是'卖豆子的人'。"

我给孩子们讲：犹太人认为卖豆子的人最快乐，因为他们永远不必担心豆子卖不出去。假如他们的豆子卖不完，可以拿回家去磨成豆浆，再拿出来卖给行人。如果豆浆卖不完，可以制成豆腐，豆腐卖不成，变硬了，就当作豆腐干来卖。如果豆腐干卖不出去的话，就把这些豆腐干腌起来，变成腐乳。

还有一种选择：卖豆子的人把卖不出去的豆子拿回家，加上水让豆子发芽，几天后就可改卖豆芽。如果豆芽卖不出去，就让它长成豆苗。如果豆苗还是卖不出去，再让它长大些，移植到花盆里，当作盆景来卖。如果盆景卖不出去，那么再把它移植到泥土中去，让它生长。几个月后，它结出了许多新豆子。一颗豆子现在变成了上百颗豆子，想想那是多划算的事！

犹太人的这个故事说明什么道理呢？一颗豆子在遭遇冷落的时候，可以有无数种精彩选择；那么一个人呢，如果我们受了冷落，又该有多少种选择？另外，犹太人的这个故事也说明，任何事物都是一分为二的，在有些让人讨厌的事情中，总会隐藏着可爱的一面；这需要我们静下心来，去发现可爱的一面，那样也许我们的看法就会变得完全不一样。

"在你们的心目中，卖豆子的人又是什么样子的呢？这个故事还能说明哪些道理呢？同学们，校长要看你们的了！"

离开自习室，我的心情就像孩子的画一样：天空是那样辽阔，云朵自由自在地徜徉在天际，草地上开遍了各种奇异的鲜花，而我就像那头牛，眯着眼睛叫唤"哞……"，全身竟然有种酥酥麻麻的幸福感。孩子们会送我一幅什么样的作品呢？真的好期待。

2014 年 5 月 5 日

天使的眼泪

　　星期日上午，在学校长长的走廊，有个孩子略显瘦弱的小小身影映入我的眼帘，看她的样子，仿佛弄丢了重要的东西，显得无助而又悲伤。

　　我喊她的名字，问她今天怎么来学校了？

　　孩子见到我，忍了很久的泪水，终于情不自禁地流了下来。我让孩子来办公室，递给她一块巧克力，请她慢慢讲。

　　孩子说，明天的升旗仪式，她有个"国旗下的演讲"，全班同学选了她，希望她为班级赢得荣誉。今天在家正想练习，却发现稿件丢了。这可怎么办？如果演讲失败，以后同学们谁还信任她？书包里没找到，抱着最后一丝希望跑到教室，抽屉里、书包柜里全找了一遍，还是没找到……

　　孩子边哭边说，星星般闪亮的眼睛里涌出珍珠般耀眼的眼泪，让我看了是那么的怜惜和心疼。

　　我劝慰她，重新准备一份，还有时间，不是吗？然后递给她纸和笔，让她先打草稿。在我的鼓励下，她认真地写起来。

为了班级的荣誉，为了同学的信任，此时，演讲稿就是孩子快乐的全部。虽然坐在校长对面，但孩子并没有拘束不安，她低头写稿，略带着含蓄与羞涩，完全沉浸在自己的世界里。

面对天使一般的孩子，我的脑海里不禁浮现出一首诗：

星子在无意中闪，细雨点洒在花前。

那轻，那娉婷，你是，

鲜妍百花的冠冕你戴着，

你是天真，庄严，你是夜夜的月圆。

雪化后那片鹅黄，你像；

新鲜初放芽的绿，你是；

柔嫩喜悦水光浮动着你梦期待中白莲。

你是一树一树的花开，是燕

在梁间呢喃，你是爱，是暖，

是希望……

孩子的心灵纯洁、质朴，没有受到世俗的污染，我想，就连洁白的雪花见了都会自惭形秽吧？只要面对孩子，我总会感觉心底涌出一片自然与喜乐。

此时，孩子微微上翘卷曲的睫毛上还沾着泪水，上天给了孩子如星般明亮的眼眸，那样的明亮，无法用语言表达。在她稚气而又委屈的小脸上，悲伤、焦虑慢慢散去，小小的俏皮的鼻子，惹人怜爱。不一会儿，她欣喜地告诉我写好了，那纯真的笑容就像湖心的涟漪，一圈一圈诗意地荡漾开来……真是六月天孩子脸，说变就变。

我看了之后"狠狠地"表扬了她，我们像一对忘年交那样愉快地交谈起来，孩子的世界是一幅风景画，孩子纯真的笑脸是世上最无拘无束的表情！我喜欢看着孩子们尽情地游戏，开心地大笑；喜欢看着孩子快乐地学习，健康地成长，只要孩子悲伤流泪，我也会跟着伤心难过。犹如上天的神来之笔，多么可爱的生命。

在蓝蓝的天空中，是谁最快乐？是鸟儿，因为蓝天给了鸟儿一双坚强的翅膀；在茫茫在大海中，是谁最畅快？是鱼儿，因为大海给了鱼儿一片广阔的世界。而在我的心灵深处，最希望看到谁最快乐？是孩子！我听见了自己心底的声音：别哭，我的宝贝，我在，我在，在你需要的时候，校长一直都在，校长就是你们的天和海。

我告诉孩子，有一次，75 位诺贝尔奖获得者在巴黎聚会，记者问其中一位："您在哪所大学、哪所实验室里学到了您认为最主要的东西呢？"出人意料，这位白发苍苍的学者回答："在幼儿园。"

记者又问："在幼儿园学到了些什么呢？"

学者答："把自己的东西分一半给小伙伴们，不是自己的东西不要拿，东西要放整齐，吃饭前要洗手，做了错事要表示歉意，午饭后要休息，学习要多思考，要仔细观察大自然。从根本上说，我学到的全部东西就是这些。"这位学者的回答代表了到会科学家的普遍看法，概括起来，他们认为终生所学到的最主要的东西是从小家长和老师给他们培养的良好习惯。

孩子的眼睛忽闪忽闪，她已经意识到了丢三落四不好，并愿意去改正。最后，孩子欢欢喜喜地走了，我却陷入沉思：孩子自理能力差，容易丢三落四，主要原因就是缺乏生活经验，平时过着衣来伸手、饭来张口的生活，不懂得收拾好自己的物品。父母要知道孩子的能力是磨炼出来的，家长不应包办一切，而应站在孩子身后，看着孩子自己走路、自己去适应生活，只在必要时候才给予呵护。

好习惯是我们送给孩子的最好礼物，也是留给孩子最大的财富。给孩子营造一个独立、自主的生活空间，让他们自己去管理自己，惟其如此，孩子才会在锻炼中得到成长。

美国福特公司名扬天下，不仅使美国汽车产业在世界独占鳌头，而且改变了整个美国的国民经济状况。谁又能想到，该奇迹的创造者福特，当初进入公司的敲门砖竟是捡废纸这个简单的习惯呢？那时福特刚从大学毕业，他到一家汽车公司应聘，一同应聘的几个人学历都比他高，福特感到没有希望了。当他敲门走进董事长办公室时，发现门口地上有一张纸，他很自然地弯腰把它捡了起来，看了看，原来是一张废纸，就顺手把它扔进了垃圾篓。董事长对这一切都看在眼里。福特刚说了一句话："我是来应聘的福特。"董事长就发出了邀请："很好，很好，福特先生，你已经被我们录用了。"这个让福特感到惊异的决定，实际上源于他那个不经意的动作。福特应聘业务员的成功，看上去很偶然，但实际上却是必然的。他那下意识的动作是他良好习惯的体现，正是这种良好习惯成就了他的事业。

我们都知道爱因斯坦是一位伟大的科学家，他在教育上同样有着深刻的论断。他曾俏皮地说过这样一句话："如果人们已经忘记了他们在学校里所学的一切，那么所留下的就是教育。"那么什么是"所留下"的呢？只要我们稍加思考，不难发现，只有习惯是永远忘不掉的，因为习惯一旦养成就成为一种潜意识的、自动化的行为，而只有忘不掉的才是真正的教育。

校长在这里为你加油，孩子！

哲学家说，人的思想是万物之因，播种一种观念，收获一种行为；播种一种行为，收获一种习惯；播种一种习惯，收获一种性格；播种一种性格，收获一种命运。我们只有从日常生活中的一点一滴做起，从现在开始培养良好的行为习惯，通过不懈的学习、锻炼，我相信，人生的幸运之门会向你敞开。

2014 年 4 月 2 日

翩若惊鸿，宛若游龙

起势，左野马分鬃，右野马分鬃，白鹤亮翅……操场上，孩子们正在全神贯注打着太极拳，一招一式松柔慢匀、开合有序、刚柔相济，如行云流水般连绵不断。

看到这一幕，我为孩子们振奋不已！

世间美好的事物不计其数，而我却对太极拳却情有独钟。

记得 2007 年春节联欢晚会上，由国家队队员表演的太极拳《行云流水》，那优美的韵味，洒脱的动作，衣袂飘飘、刚柔并济，美得简直无法形容；北京奥运会开幕式上，2008 人的太极拳集体表演，动静结合，虚实相生，物我两忘，天人合一，白衣少年们将复杂而优美的一招一式表现得淋漓尽致。作为中国传统文化的一种诠释，那份从容气度，让世界叹为观止。

那时我就开始研究太极拳，并一直在琢磨，想把太极拳、武术操纳入学校的体育教学中来。那时我的脑海里就常常浮现出一幅画面：孩子们精神抖擞地站在操场上，抱拳礼、起势、侧展、马步冲拳、划臂下蹲……铿锵有力的"嘿！哈！"声不时吼出，震撼人心。

经过几年不懈的努力，这一幕终于出现在学校的操场上。虽然很多孩子出拳还显得稚嫩，但一个个精神抖擞、朝气蓬勃。我为孩子们鼓掌、欢呼，心里流淌着梁公的一篇雄文：红日初升，其道大光；河出伏流，一泻汪洋；潜龙腾渊，鳞爪飞扬；乳虎啸谷，百兽震惶；鹰隼试翼，风尘吸张；奇花初胎，矞矞皇皇；干将发硎，有作其芒；天戴其苍，地履其黄；纵有千古，横有八荒；前途似海，来日方长。美哉，我少年中国！

体育运动是我们生命中的阳光，丰富多彩的体育活动不仅可以强健我们的体质，同时也能磨炼我们坚强的意志，增强我们的责任感和荣誉感，培养我们持之以恒、团结协作的精神。

在学校巡查时，有时也会看到小小的孩子，背着大大的书包，佝偻着腰，鼻梁上架个眼睛，在校园里踽踽独行……我心里就有说不出的着急。有一次在班级听课，老师在黑板上留完作业，好几个孩子的视力不够，都要跑到讲台前抄写，都是我的孩子啊，看了能不叫人伤心着急吗？要说现在的生活条件，比起以前都不知好到哪里去了，但孩子们的身体素质却在下降。所有这些，让我不得不认真思考教育和体育发展存在的问题。

狭义上的体育，即竞技体育、体育比赛，广义的体育应该是身体教育，这也是体育的本义。英文的体育是 physical education，落脚点是 education，即教育。体育与德育、智育、美育并列，是教育的四个方面。

很多教育家都非常重视体育，把体育放在重要位置，认为教育首先是体育。著名教育家蔡元培认为："所谓健全人格，内分四育，即(一)体育，(二)智育，(三)德育，(四)美育。"

著名教育家张伯苓也非常重视体育，被称为"体育校长"，他曾说，"无论学校与社会，必须德智体群四育并重，不可偏于求知的智育"，甚至强调"体育比什么都重要，不懂体育的不应该当校长"。

太极拳是我国历史悠久的传统体育项目，是中华武术的精华，是当今世界参与人数最多的体育运动项目之一，具有悠久的历史传承、深厚的文化底蕴和良好的健身效果。同时，太极拳通过以柔克刚、引进落空、快慢相间的表现，给人如行云流水般的美感。而武术是中国传统文化的瑰宝，在练习过程中可以有效地促进孩子们的生长发育并增强体质，孩子们学会这些，无疑可以受益终生。

有些淘气的孩子没耐心，跑来跟我诉苦说："校长，学太极拳太麻烦了。那是老人的运动方式，慢吞吞的，还是等我退休以后再练吧。"

孩子，这是你对太极拳的片面认识。的确，公园中常见许多中老年人打太极拳，动作迟缓柔慢，但那仅是太极拳中的一种而已。太极拳的套路有武当、陈式、杨式、吴式、孙式、武式几大类，其中杨、吴、孙、武式太极以"慢、柔、缓"见长，适用于康复、静养、不宜剧烈运动的中老年人学练。而武当功夫和陈式太极则动作幅度相对较大，绵里藏针，速度快猛且具爆发力，对肢体和韧带要求较高。

高手打起拳来，但见浩荡之气从拳法中绵绵而出，绝无凝滞延宕。武人的身姿上下相随，前后相应，形神合一，浑然无迹，流畅而和谐，恢宏而雍容，流露出中国文化独有的"中和之美"。太极拳如此美妙绝伦，那种娴静优雅，自然从容的境界，不骄不躁，落落大方，虚静恬淡的风度，你们习得一二，便能受益一二，习得十分，当然受益十分了。

孩子们，你们现在哪里会明白校长的苦心？虽然太极拳难学，虽然体育老师也跟我抱怨，花了很多工夫，然而教学效果总是差强人意，难以达到如期的教学目标。究其原因，是太极拳动作的特殊性，致使你们一时难以理解其变化规律，练习起来枯燥乏味，失去了学习的兴趣。但是，久练则会心性坚定，遇事沉着，若能有此心态，你们将来做人、做事，必定也能坚定、沉着。

太极拳像流动的诗，立体的画，它动中有静，静中有动，又讲究刚柔相济。正如一位太极大师所说，"太极拳是真善美之体育"。所以我希望孩子们都要好好练习，并把练太极作为完善自我的一条途径，在每一次的起、转、承、合中，去体会、去感悟，太极有中正之美，取中庸之道，恰到好处；太极有飘逸之美，似行云流水，宠辱不惊；太极有搏击之美，后发先至，四两拨千斤。

　　学习必须持之以恒，锲而不舍，想想古今中外，凡是能成就伟业的，哪一个不是意志顽强，坚持不懈？一个国家的发展在于少年，在于你们——祖国的花朵，少年强则中国强，希望孩子们好好练功夫，我辈愿为孺子牛。让我们共同精进前行，趋向更美好、更智慧的人生。

2014 年 5 月 16 日

我是否可以把你比喻成夏天

今天是世界读书日，也是世界级大文豪、戏剧家莎士比亚诞辰450周年的日子。他一生创作丰富，现存37个剧本、叙事长诗2首和十四行诗150多首。代表作有四大悲剧《哈姆雷特》《奥赛罗》《李尔王》《麦克白》和喜剧《威尼斯商人》《仲夏夜之梦》等。

莎士比亚是最令英国人感到骄傲的标志性人物之一，他是英国文学史上最杰出的戏剧家，被称为"英国为世界贡献的大礼"。他的作品陪伴了我的整个学生时代，今天，让我们一起纪念他。

——题记

清晨的校园，有个小女孩正在读莎士比亚，她读得非常入迷，完全沉浸在书里，花蕾一般的脸颊上洋溢着淡淡的微笑，那一刻，我确信看到了世上最美好的风景。

常常有家长问我，如何让小孩风度翩翩？其实，优雅的气质一定从虔诚中来、从学习中来，比如让孩子从小读莎士比亚、泰戈尔、纪伯伦。美国诗人惠特曼曾说：有一个孩子，他每天向前走去，最初看见什么，什么就变成了他的一部分。

我是多么开心看到孩子一步一步地，走进经典里去，走进优秀里去，走进成功里去……

看到我，孩子热情地打招呼，那样明亮的笑容，就像早晨的阳光洒在湖面上。我忍不住走过去，和她谈起莎翁以及那些伟大的作品。

孩子说："1616 年的今天，也就是 4 月 23 日，英国作家、戏剧家莎士比亚逝世，我觉得最好的纪念就是好好读他的书。"

孩子说："我希望在寒假或暑假，爸爸妈妈能带我去斯特拉夫（Stratford-upon-Avon）看看，那是一个宁静的小镇，莎士比亚的故乡。我在图片上看过的，特别美。亚汶河缓缓地流过小镇，莎士比亚就长眠在河畔的一座大教堂里。我常常幻想，每当教堂的钟声响起，莎士比亚的十四行诗、戏剧也弥漫在小镇的上空。"

孩子问："校长，你也喜欢莎士比亚吗？最喜欢他的哪部作品？"

我岂止喜欢，简直为他着迷！也是他忠实的读者和崇拜者！阅读莎翁的作品，不仅是艺术的享受，更是对人性的深入把握，对社会的深刻领悟。他的作品里有高山的雄伟、有平原的辽阔；

有峡谷的肃穆，有瀑布的喧闹；有大海大江的奔放、有小桥流水的从容；有森林的神秘，有山丘的宁静；有阳光的明媚，也有月夜的皎洁；有夏天的热烈，有冬日的寂静；有风的轻盈，也有泥土的芬芳和厚重……总之包括了万千景象，丰富而自足，自成一个浩瀚的体系。

还在上中学时，宿舍熄灯后，我常打着手电筒读莎士比亚，记得读完《奥赛罗》后，我几乎要跳起来，不管不顾同学们已经休息，一手按着胸口，一手啪啪拍着床板，无限感慨！我完全被莎翁的伟大折服了，华丽的台词、精湛的布局、鲜明的人物、强烈的情感，那些浓郁的悲剧气息……给我心灵带来如此的震撼。

小时候读《哈姆雷特》，读到其中一句话："时代脱臼了，真糟糕，天生我要把它扳正过来。"这豪言壮语曾让年少的我热血沸腾、一声长啸，浑身涌起冲天之志。

时至今日，年近半百，要问我现在最喜欢莎翁的哪一句，其实在我工作日志的扉页里就写着："我的慷慨像海一样浩瀚，我的爱心也像海一样深沉，我给你的越多，我自己也越是富有，因为这两者都是没有穷尽的。"

看着孩子粉红的笑靥，聪颖的双眸，我不禁问："亲爱的孩子，你愿意为校长读一段吗？"

孩子露出一丝羞涩与喜悦，随后大大方方朗诵：

Shall I compare thee to a summer's day?

Thou art more lovely and more temperate;

Rough winds do shake the darling buds of May,

And summer's lease hath all too short a date;

Sometime too hot the eye of heaven shines,

And often is his gold complexion dimmed,

And every fair from fair sometime declines,

By chance, or nature's changing course untrimmed;

But thy eternal summer shall not fade⋯

我是否可以把你比喻成夏天？

虽然你比夏天更可爱更温和；

狂风会使五月娇蕾红消香断，

夏天拥有的时日也转瞬即过；

有时天空之巨眼巨光太炽热，

它金灿灿的面色也常被遮暗；

而千芳万艳都终将凋零飘落，

被时运天道之更替剥尽红颜；

但你永恒的夏天将没有止尽⋯⋯

我向孩子表示感谢，这真是一个愉快、美好的早晨！

孩子们知道吗？今天是莎士比亚的生日和忌日。这位文学巨人于 1564 年 4 月 23 日降生，于 1616 年 52 岁生日的当天去世，他曾说过，书籍是全世界的营养品，生活里没有书籍，就好像没有阳光；智慧里没有书籍，就好像鸟儿没有翅膀。

我希望孩子们都来读莎士比亚，低年级的孩子们可以读《冬天的故事》《暴风雨》；中年级的孩子可以学习喜剧，如《无事生非》《威尼斯商人》《第十二夜》；高年级的孩子可以学习悲剧和历史剧，如《麦克白》《罗密欧与朱丽叶》。

曾经有一个机构总结阅读莎士比亚的十个理由：

一、他是人类最伟大的天才。

二、他是伟大的人文主义者，他对人的本质有着深刻的洞察力。

三、他"不属于一个时代，而属于所有的世纪"。

四、他逝去后的450年间，世界几乎每天都在上演他的不朽剧作。

五、他是最受宠最无私的编剧，他不要数百万美元的片酬，也不会因为删改不当而大发雷霆，演员们都争着演他剧中的角色。

六、在他去世400多年后，英国BBC电视台还授予他"20世纪风云人物"的桂冠。

七、他写下了人类最催人泪下的爱情。

八、他的喜剧也是最引人发笑的。

九、他笔下那些焦灼悲悯的人物足以让我们清醒，使我们更为真实地触摸到这个世界的悲凉和我们自己内心的挣扎。

十、在20世纪90年代，他被重新赋予了意义，成了十足的后现代人物的典范。

孩子们知道吗？二战期间，有记者问丘吉尔："莎士比亚与印度哪个更重要？"印度当时是英国最大的殖民地，其财富、人口、土地，应该说对英国有足够的诱惑。然而丘吉尔回答："宁可失去五十个印度，也不能失去一个莎士比亚。"在丘吉尔看来，一个国家，一个民族之所以伟大，不是征服别国，不是称霸世界，而是拥有文化和精神。

此言足以令人深思！

莎士比亚说，我们的身体就像一座园圃，我们的意志是这园圃里的园丁；不论我们插荨麻、种莴苣、栽下牛膝草、拔起百里香，或者单独培植一种草木，或者把全园种得万卉纷披，让它荒废不治也好，把它辛勤耕垦也好，那权力都在于我们的意志。

莎士比亚说，上天生下我们，是要把我们当作火炬，不是照亮自己，而是普照世界；因为我们的德行倘不能推及他人，那就等于没有一样。

……

阅读吧，孩子们。今天，让我们以阅读纪念莎士比亚！

尤其对于外国语学校的孩子来说，莎士比亚的经典作品还

是我们非常好的学习资料。读原汁原味的外语，与读翻译作品
是完全不同的感觉。什么时候有时间，我准备查查看，看你们
谁在读莎士比亚！

2014 年 4 月 23 日

为你举办一场故事会

Tell me the tales that to me were so dear, Long, long ago; long, long ago. Sing me the songs I delighted to hear, Long, long ago; long ago.

请给我讲那亲切的故事，多年以前，多年以前。请给我唱那动人的歌曲，多年以前，多年前。

——美国民歌《Long Long Ago》（《多年以前》）

我喜欢给孩子写故事，也喜欢给孩子讲故事，天下有不喜欢故事的孩子吗？好像还没发现哦。别说孩子了，就是成年人，也有不少喜欢故事的。那些精彩的电影电视、文学作品，之所以打动人心，魅力无穷，不正是因为故事动人吗？其实，一个人的成长，本身就是一个故事。

每学期开学第一周，孩子们都会选择自己喜欢的兴趣课，手工、艺术、音乐……惹得我都羡慕得不得了。其实我也想给孩子们开一门课，哪怕就是单纯的故事会，因为我的心里本来就装着一个童话世界，而给孩子们写故事、讲故事，本身是一件多么享受的事情啊！

本学期，学校会举办各具特色的活动，给孩子们创造自由发展的空间和机会。5 月有一场故事大赛，是不是很期待呢？到时候让我们一起陶醉在故事的海洋里，看看谁的故事讲得栩栩如生，看看谁的故事让我们身临其境，看看谁的故事引人入胜，看看谁的故事让我们意犹未尽，看看谁最后成为我们的"故事大王"。

记得小时候，我也是个故事迷，最喜欢跟着奶奶上山采蘑菇、挖野菜，因为可以坐在树下听故事。阳光在树叶间闪烁，鸟的欢歌充满着山林。有时候听完故事，我会走到溪边，捧起清澈的溪水，让它像水晶一样从掌心滑落。忽然间，仰头看见一只雄鹰在高空飞翔，仿佛梦想开始放飞……

有一次，一只毛毛虫爬到了我的胳膊上，我曾非常害怕那些丑陋的东西，奶奶慈祥地笑着为我讲破茧为蝶的故事，幼时的我睁大了眼睛，不敢相信毛毛虫通过痛苦的挣扎和不懈的努力，能够化作美丽的蝴蝶。

奶奶说，有一种普通的小飞蛾，它的幼虫时期是在一个洞口极其狭小的茧中度过的。当它的生命要发生质的飞跃时，这狭小通道对它来讲无疑成了鬼门关。小飞蛾必须拼尽全力才可以破茧而出，很多幼虫在往外冲杀的时候气力不支，不幸成了

"飞翔"的悲壮祭品。

有人怀着恻隐之心，企图将那幼虫的生命通道修得宽阔一些。他们拿来剪刀，把茧子的洞口剪大。这样一来，茧中的幼虫不必费多大的力气，轻易就从那个牢笼里钻出来。结果——它们无论如何也飞不起来，只能拖着无力的双翅在地上笨拙地爬行，原来，那鬼门关般的狭小通道，恰恰是帮助飞蛾两翼成长的关键所在，穿越的时刻，通过用力挤压，翅膀才会有力量，最终才能飞翔。

奶奶说，一只飞蛾尚且如此，你想想，男孩子需要怎么样的磨炼才能成为真正的男子汉？

奶奶不是教育家，但是现在回想起来，她通过故事，已经把最有价值的东西留给了我。每个故事都蕴涵着相关的主题，比如勇敢、同情心、判断力、礼貌、励志、克己，等等。对一个孩子而言，听故事的好处简直说不完，奶奶讲故事的过程，也是开启我丰富想象力的过程，而且，孩子的记忆力相当惊人，只讲了一遍的故事，我就能复述了，这是非常重要的语言表达能力培养的过程。直到现在，奶奶讲故事的样子一直清晰地留在我的记忆里，祖孙之间，那种亲密无间的情感和故事无穷的乐趣，不仅营造了安静祥和的睡前氛围，更重要的是，故事的思想内涵让我受益一生！

记得在我十二三岁的时候，已经开始住校了，每天两点一线的生活，周而复始，单调而又枯燥，周末回家，还是喜欢听故事。奶奶曾经讲过一个故事：

有个年轻后生，家中人丁不旺，常受外人欺负，于是立志习武以壮声威。有一天，年轻后生离家外出，拜师学艺。他来到一个有名的武术之乡，投在一个闻名遐迩的武师门下为徒。学徒期间，师父从不教他武功，只管让他将一捆捆打了死结的牛皮筋的结一一解开，每天如此，日复一日，就这样十年一晃而过，师父死了，他什么武功也没来得及学到，就该回家了。

这后生郁郁回乡，来到村口一棵老榆树下，自念本是为学武功离乡背井，十年荒废，无功而返，有什么脸面见家人，想到这里，眼泪就下来了，年轻后生撩了一把鼻涕抹在老榆树上，谁知那坚硬的树皮竟然脱落，他的手指划过的地方留下了两道深深的沟槽。

待到进了家门，落座之后，家人问起他这十年里所学的武艺，这后生无言以对，长叹一声，一巴掌拍在桌上，结实的松木桌面应声而碎，才知道他想学的功夫早就练成了。

牛皮筋功夫在那村子里一度兴盛，后来渐渐式微了。再后来，有一外乡武师慕名而来讨教时，已经无一人能抵挡，于是，讨教变成了挑衅，外乡武师公然在村中搭起擂台叫板，村人只有忍气吞声而已。外乡武师的嚣张气焰惹恼了一个后生，那后生从没练过武功，只知打土坯烧砖窑。通过乡约作保，立下生死文书后，打擂那天，全村人都来观看。腰扎带钉皮带、手戴皮护腕的外乡武师不可一世地站在擂台上运气、发出雷鸣般的吼声，全村人都为那个打擂的后生捏着一把汗。

那个打土坯烧砖窑的瘦巴巴的后生镇定自若地上得台来，冷眼望着体壮如牛的外乡武师。做裁判的乡约刚一喊出"开始"，只见这后生以迅雷不及掩耳之势靠近外乡武师，双拳一砸，双掌一揣，掌根一推，众人尚未反应过来，外乡武师已腾空跌落台下，不省人事了。那后生所使的招式不过是他平时打土坯时惯用的几个动作……

听着故事，疲累顿消，只觉得自己的心灵像风一样无拘无束，我明白了奶奶的心意，她希望我将来无论做什么，都能精益求精，做到极致。思想越过广阔无垠的草原，越过波光旖旎的湖泊，越过那座最高的山丘……迎着呼呼的风声，尽情驰骋。十几岁的年龄，自由而奔放，俊逸且洒脱，豪气总在胸中涌动。

那时，我和一个小伙伴约定闻鸡起舞，因为我们听了一个故事：东晋时期将领祖逖年轻时就很有抱负，他的好友刘琨与他一样，也有着远大理想。为了报效国家，他们在半夜一听到鸡鸣，就披衣起床，拔剑练武，这就是成语"闻鸡起舞"的来源了。

十几岁的时候，我们觉得男子汉要发愤图强、自强不息，将来成为国家的栋梁之才。我们玩到一起，就是比上进、比成绩、比谁更努力，那是一种蔑视束缚和规则的自由风貌，是一种男儿当自强的奋发精神。我们青春逼人、意气风发，我们与成长的时代一样充满积极向上的气息。

后来去美国留学，在一个偶然的机会里听到一首歌《多年以前》：Tell me the tales that to me were so dear, Long, long ago; long, long ago. Sing me the songs I delighted to hear, Long, long ago; long ago⋯（请给我讲那亲切的故事，多年以前，多年以前。请给我唱那动人的歌曲，多年以前，多年前⋯⋯）

我的脑海里不禁浮现出奶奶慈爱的身影，她讲故事的声音仿佛又回响在我耳边，还带着恍若隔世的回音。有时仰望夜空，寻觅繁星，猜想奶奶是不是变成了我头顶上的星星？此时，只有任泪水滴落。虽然奶奶已去世多年，但许多往事依然清晰如昨。

清明时节，回家扫墓，把脸贴在冰冷的石碑上，如同儿时贴在奶奶的胸口。只是，回应我的不再是那熟悉而又温暖的心跳。"请给我讲那亲切的故事，多年以前，多年以前⋯⋯"

后来有段时间潜心研读《论语》，尤其读到"知之者不如好之者，好之者不如乐之者"，真是大有感慨！作为一名教师，在课堂上怎样让学生快乐地去学习呢？如果适当利用背景故事进行教学，不仅可以化繁为简，化难为易，还能激发学习兴趣，创建和谐活跃的课堂气氛，就会达到事半功倍的教学效果。

　　我喜欢故事，即便年近半百，依然对故事有着浓厚兴趣。就在今年5月，在那春光烂漫、槐花飘香的日子里，在那郁郁葱葱、光芒四射的季节，我的孩子们，我要为你举办一场盛大的故事会。

2014 年 3 月 12 日

孩子，我就在你的身后

孩子，我就在你的身后，一直微笑着，倾听。

你的小手在琴键上优雅地舞动，还带着些许稚嫩，简单的曲调，弹得并不是十分娴熟，但你非常专注、用心。

几天前，你敲开我的办公室，有些害羞地问："校长，您可以听我弹琴吗？"

你的眼睛清澈，充满期待地望着我，我忍不住停下手头的工作，走到你的面前，邀请你进来，你大概只有九岁的样子，稚气的模样令人无限怜爱。噢，多可爱的孩子！我望着你，不禁心生赞美。世界上最神圣、最美丽的，一定就是孩子的眼睛了。

"可以呀！"我毫无疑虑地答应你。

"真的吗？那太好了！"

"当然是真的！"我肯定地告诉你。

我看见你充满喜悦的眼睛里，找不到丝毫阴影，就像你快乐幸福，没有一丝忧郁的小心灵一样。我们约定周五放学后，我专门抽出时间来听你弹琴。

接下来的工作时间，我都沉浸在一股稚气的温柔里，仿佛被鲜花环绕，却又无法形容。孩子，感谢你对我的信赖，校长无法拒绝你的邀请，当你敲门时，我看到你的眼睛，就像一只美丽的小鹿在小溪边喝水，然后仰起头四周看一看，如果很安全，它便自由自在好奇地观察着外部世界；一旦遇到恐吓，它就会撒腿跑走。

我一定会全心全意倾听你、欣赏你、鼓励你，让你获得信心和安全感。孩子，你不用胆怯，在你邀请校长时，校长也觉得非常开心呢。

放学后去食堂吃饭，我忍不住得意地向老师们"显摆"：有人邀请我去听她的钢琴独奏。

老师们纷纷猜测：

"是朗朗吗？"

"理查德·克莱德曼？"

哈哈，都不是，但是我不告诉他们是谁，因为这是我们之间的小秘密。孩子，你学琴只有一个多月，现在跟朗朗、克莱德曼没法比，但谁可以限定你的将来呢？孩子，我为你的信心自豪，学琴才一个多月，就敢"斗胆"来邀请校长。

你是个爱学习的好孩子，不知是父母工作忙，还是其他什么原因，除了上学，他们并没有给你安排一些诸如才艺类的培训，我建议你的父母，让你学琴，不是赶热闹，不是盲目跟风，因为我注意到你的灵气和天分，希望有人引导你从小接触音乐与美术。

你果然被音乐吸引，音乐老师说，你的乐感很好，对乐器演奏有很高的热情，学起来不仅掌握得很快，而且对一些比较复杂或难度较大的技能，有一股子锲而不舍的钻劲。很快，你的父母也给了我反馈，每当你写完作业，总会情不自禁哼起琴谱，吃晚餐时，总会把餐桌当钢琴弹起来，那么陶醉，怡然自得。

孩子，音乐之于人生，犹如春风舞之于大地，无上自由；晨露闪烁于朝阳，无限缤纷；繁星璀璨于夜空，无比神秘。如果我们热爱人生，应该用音乐来打扮它，装饰它，开发它，提升它，让它绚丽多彩、放射光芒，我希望音乐能够为你开启一条诗意的人生道路。

你知道吗？校长从小就喜欢音乐，读小学时，学校举办歌咏大赛，因为我五音不全，老师就不让我参加。我躲在校园的角落暗暗落泪，老在责备自己为什么不会唱歌。从那以后，我渴望唱歌可是又不敢唱，小声哼哼，还要东张西望，有一次不小心哼出来了，没想到被人笑话了一番，从此就再也不敢做音乐梦了。

从事教育之后，我发誓，无论遇到什么样的孩子，我都会全心全意去爱他，鼓励、鼓励、再鼓励……

孩子，此刻我就坐在你的身后，听你弹琴。我喜欢听你弹琴，十指滑落琴键的声音，轻盈地回荡，虽然并无很高的技巧，却无比温馨。琴谱是《汤普森现代钢琴教程1》，曲子是类似《Mary has a little lamb》这样比较简单的，但是如果没有用心，弹出来的曲子不会有感染力；而你灵巧的小手按动琴键，整个身心沉浸在音乐里，我仿佛看见你的灵魂在空中飞翔，自由而明朗。

一曲终了，你会回头看我一眼，孩子的表情，明亮的眸子让我心疼，让我感动……我用眼神向你示意，此刻，我是如此的陶醉。

台湾作家张晓风写过一篇文章——《我交给你们一个孩子》："学校啊，当我把我的孩子交给你，你保证给他怎样的教育？今天清晨，我交给你一个欢欣诚实又颖悟的小男孩，多年以后，你将还我一个怎样的青年？"

"他开始识字，开始读书，当然，他也要读报纸、听音乐或看电视、电影，古往今来的撰述者啊，各种方式的知识传递者啊，我的孩子会因你们得到什么呢？你们将饮之以琼浆、灌之以醍醐，还是哺之以糟粕？他会因而变得正直、忠信，还是学会奸猾、诡诈？当我把我的孩子交出来，当他向这世界求知若渴，世界啊，你给他的会是什么呢？"

这篇文章曾经令我潸然泪下。

孩子，面对你纯净、信赖的眸子，如果校长做得不够好，有瑕疵，有诟病，有缺陷，不长远，那我怎么能够原谅自己？

所以我严格要求自己，也严格要求学校的老师们，如果老师不爱孩子，不负责任，那么我绝对不能容忍。所以也有老师很怕我，他们背后说"害怕校长拉着个驴脸"。哈哈，我不在乎别人背后说什么，只在乎做好你们的守护神，是的，我希望自己是你们的守护神！

你的小手弹琴的样子，像翩翩的蝴蝶。稚嫩的琴声高高低低，像放飞的风筝，偶尔还会弹错，但是这一切有什么关系？聆听你弹琴的这一刻，我仿佛失去了地球重力的吸引，心灵有了驰骋的空间。我微闭双眼，音乐把思想带到辽阔的原野，我仿佛正带着一群孩子漫步在清晨薄雾朦胧的森林，我们轻轻停下脚步，细听鸟语虫鸣；我们划着小船，悠悠荡漾在夕阳下的青山绿水中，我们一起欣赏堤岸两旁竹林扶疏、泉石相映；我们在星光闪烁的夜空下听晚风轻送……种种意境，亦真亦幻，超然而悠远。

孩子，除了弹琴，你积极参加各项活动，学习成绩进步了，行为习惯改变了，各方面的素质都有了明显提高。一张张答卷，凝聚着你勤奋的汗水和智慧；一次次异彩纷呈的活动，展示了你独特的才华。此时此刻，我要把最热烈的掌声送给你——亲爱的孩子！

关于教育，人们容易陷入一个误区，以为挤垮了谁，超越了谁，就是比谁强。其实，一个真正的强者，不是摆平了多少人，而要看他能帮助多少人——能帮助别人，这是德，能帮到别人，这是能。有德、有能，才是强者。

孩子，我希望你最终成为有德、有能的强者。我希望孩子们都有这种能耐：让别人一想到我们就有精神，不要让父母亲一想到我们，就开始担心。大家不要小看自己，要有这样的担当，不断增长自己的智慧，使自己成为他人的礼物：像花一样清新，像水一样安详，像山一样稳定，像天空一样自由。让任何人看见我们，想到我们，接触到我们的人，都感觉到阳光灿烂、蓬勃向上。

感谢上苍的恩典，让我们在一起！让我们在一起，体验校园缤纷；让我们在一起，探索生命智慧；让我们在一起，憧憬美好明天；让我们在一起，追逐未来梦想。

2014 年 1 月 10 日

远去的"Kiyomi"

开学一周了，目之所及，依然是生机勃勃的校园，依然是快乐向上的孩子们。只是，在孩子们中间，少了一对韩国小兄妹的身影。

哥哥上四年级，名叫崔荣光，妹妹上三年级，名叫崔永远。我最初注意到的是哥哥，大约在一年多以前，我正在巡视班级，走到一个教室门口，看到自习课有点吵、有点乱，任课老师没在，其中有一个男孩坐着看书，显得特别守纪律，又有礼貌，后来知道他叫崔荣光。

每天早晨，我都会到各个班级去看看，有时是在孩子们上课时，他们聚精会神地听课总是令我欣慰；也有时是在下课后，我喜欢走到孩子们中间，摸摸他们的头，跟他们聊聊天。三四年级的男孩子处于特别淘气的年龄，尤其课间十分钟，简直就是生龙活虎，孩子们追逐着、打闹着，叫着、笑着，有趣的故事一箩筐，说得眉飞色舞；这个时候，崔荣光则显得比较稳重，颇有些绅士风范。

后来知道崔荣光还有个妹妹，也在我们学校读书。两个孩子初来乍到，不知他们对中国的生活和学习环境是否适应。除了韩语，兄妹俩只能讲几句简单的汉语，平时跟老师同学们用英语交流。我叮嘱班主任以及生活老师，尽量多照顾到他们，并让语文老师承担起了为小兄妹补习功课的任务。在老师们的悉心关怀下，两个孩子很快就恢复了开朗活泼的天性，成绩也进步多了。

有一次去崔荣光所在的班里听课，那一节是外教老师 Ken 在讲课，Ken 的课特别生动，课堂上师生互动相当好，充满了激情。记得那次上课的主题是"Supermarket"，有很多实用性强的词汇和交际用语，又是孩子们非常喜欢的话题。尤其是 Ken 为课堂所准备的各种食物图片，让孩子们情绪高涨、畅所欲言，还有 Ken 那幽默有趣的语言动作等，不时地引发阵阵欢笑，孩子们忘我地参与其中。在全班所有的孩子中，崔荣光跟外教的互动最为热烈，因为他的英语底子好，又能够专注地投入、专注地倾听。我为孩子感到高兴，短短的一节课，收获的不仅是快乐的游戏，更重要的是在生动有趣的气氛中，享受到了英语学习的愉悦感与成就感。

在 2014 年的元旦联欢上，兄妹俩合唱了韩国歌曲《Kiyomi song》，两个孩子动听的歌声和可爱的气息将联欢会带进了一个小高潮。我不懂韩语，就向一名同学请教歌词大意，同学告诉我，这是一首可爱颂，意思是说：1＋1＝小可爱，2＋2＝小可爱，3＋3＝小可爱……

可爱颂旋律简单，歌词也简单，不外乎就是"1＋1＝小可爱""2＋2＝小可爱"，不断重复唱着"小可爱"，但这首歌奇迹一般，让人听一遍就留下了深刻的印象；再配合孩子们从 1 数到 6 的可爱手势，那招人疼的撒娇、卖萌模样，着实打动了我的心。

从这对兄妹身上，我仿佛看到了韩国教育的影子，韩国的教育立足儒教传统，广纳西方文明，特别重视礼仪修养。小学、初中都设有"道德课"，内容分为四个领域：个人生活、家庭邻里和学校生活、国民生活、民族生活。

韩国的孩子从小就要培养在家庭中相互友爱、相互尊敬的习惯，幼儿园有专门开设的礼仪室，幼儿进入幼儿园后就跟随教师学习茶道等传统礼仪、待人接物的基本礼仪。小学和中学阶段重视青少年的"养成教育"，强调"坐而言不如起而行"，通过设置道德教室、礼节室，模拟生活场景，进行礼仪、礼节演示教育，对学生进行行为规范的训练，以此来培养学生的礼仪习惯。

这种教育使得韩国人具有儒雅的风度和谦谦君子的气质，同时也正是因为传统道德教育在韩国人身上的奠基作用，使得韩国能在西方文明的冲击下依然保持自己的民族特色，在经济飞速发展的同时能够避免市场经济发展中的各种不利因素，实现经济和文化的和谐发展。

　　元旦联欢后，寒假在即，我也得知这对小兄妹因父母工作调动，要转学去另一个城市。两个孩子在学校学习生活了一年多，与老师、同学朝夕相处，熟悉了这里的一切，一下子离开，依依不舍，这是人之常情啊。

　　就我本人而言，心里既高兴，又不舍。高兴的是孩子有条件体验不同的生活，他们的人生会有丰富的阅历，就像羽翼刚刚丰满的小鸟，他们总要飞向广阔的天空，锦绣的前程在向他们召唤，海阔凭鱼跃，天高任鸟飞。作为校长，就像父母期盼自己的孩子前途无限美好一样，心中自然高兴。不舍的是，一年多的时间，每天都能看到孩子的可爱模样，一下子分别，任谁会舍得呢？

　　远去了，我的"Kiyomi"……

　　但是，我还是要对孩子们说：地球只是一个村庄，未来是你们的，你们要志存高远，勇往直前，读万卷书，行万里路。

　　开学的前几天，每天都能接到很多家长的电话，有一些性急的同学在家待不住，纷纷期盼着返校了。是啊，不要怪学生们性急，就是我这个在教育战线上工作了三十年的人，在每个开学前夕，也一样情不自禁地期盼快点回到学校，快点见到孩子们、老师们。

　　学生急于返校是因为对学校有感情，是因为学校有太多值得他们眷念的地方，也是因为他们有着对新事物、新目标、新希望的追求，有着一种对未来的美好期待。

我急于见到孩子是因为我喜欢孩子，惦念孩子，关心孩子。有个孩子晒得黝黑黝黑的，他兴致勃勃地告诉我，寒假去了马尔代夫，玩得那叫一个开心！哇，原来如此，怪不得晒黑了。还有孩子告诉我，寒假去了姥姥家，姥姥会做很多美味……

崔荣光和崔永远，你们的寒假呢？虽然校长并没有近距离地接触你们，也没有过多的交谈，但其实，校长一直在默默关注着你们。崔永远在学校的一次活动上做过英语主持人，还演过英语剧灰姑娘，校长觉得你非常出彩，校长喜欢你们的礼貌、聪明、懂事，喜欢你们身上不自觉表现出来的文明气质，还有那份调皮劲儿……

一个寒假过去了，你们又长大了一岁，应该更懂事了吧？你们穿上过年的新衣服肯定更漂亮、更帅气了吧？你们在寒假中的趣闻逸事，急着对老师同学们说吧？而校长现在正急不可待地想听到呢。

迎着新学期第一天的灿烂阳光，孩子们精神抖擞、意气风发步入校园，我们又相会在这里，共同迎接又一个新的开始。只是，校长看不到崔荣光、崔永远的身影。回顾我们一起走过的日子，那将永远是我最美好的记忆。

在新学期开始之时，我会更加珍惜与每个孩子共同度过的时光。我衷心地祝愿所有孩子们一帆风顺，不管在哪里都能做最好的自己，不管在哪里都能出类拔萃，不管在哪里都不要忘记我们的约定：让任何人看见我们，想到我们，接触到我们，甚至听见我们声音的人，都能感觉到朝气蓬勃、积极向上的帅气。让我们化作美好，化作智慧，化作祈愿，并且付诸行动，像一个帅气的涟漪，扩大、再扩大，让无数人同享这份纯洁高尚的帅气。

子曰：不学礼，无以立。你们的仪表之礼、餐饮之礼、言谈之礼、待人之礼，将永远留在校长的记忆中，熠熠生辉。

2014 年 2 月 27 日

压岁钱是个好教材

寒假很快就过去了，孩子们个个兴高采烈地返校。我欣喜地看到孩子们又长高了，神采飞扬，看来这个假期一定过得五彩缤纷。今天在上学的路上，一名同学老远就喊"校长、校长"，然后跑过来，像个小大人一般告诉我："校长，我有了人生第一桶金。"

我忍俊不禁，跟他开玩笑："哇！都有了人生第一桶金啊，怎么赚的？"这名同学接着说："压岁钱啊，今年的压岁钱有一万多呢。"我又问他打算怎么支配这笔钱呢，孩子说："我想把每年的压岁钱都存起来，因为这种感觉很好。，妈妈帮我开了一个账户，她说等我长大了，回想起压岁钱一定有一种幸福感。"

我摸摸他的头夸奖："不错，不错！你的财商很高，怎么管理钱、怎么花钱，这绝对是一门科学与艺术。"孩子听了很高兴，欢天喜地跑去教室了。

春节给孩子们派压岁钱是传统习俗，随着生活水平的提高，孩子收到的压岁钱也越来越多。在我们学校，一个春节可以让很多孩子成为"万元户"，有些家长采取没收方式，也有些家长任由孩子处理"巨款"，我希望孩子都来谈谈：大家每年所得的压岁钱是存起来，还是花在了有意义的事情上？有没有好的经验和建议与其他同学分享？

有一首诗写得非常有意思：百十钱穿彩线长，分来再枕自收藏，商量爆竹谈箫价，添得娇儿一夜忙。

这首诗描写的就是孩子们过年喜获压岁钱的兴奋，"百十钱穿彩线长"，因为在明清时期，大家习惯用彩色的绳子，把一枚枚铜钱穿起来，编作龙的形状，然后放在床脚，谓之压岁钱。其实要论最早的压岁钱，还真有一个动人的故事呢，那还是我小时候听奶奶讲的。

传说古代有一个叫"祟"的小妖，每年年三十夜里出来，专门摸睡熟的小孩的脑门。小孩被摸过后就会发高烧说梦话，人们怕祟来伤害孩子，于是整夜点灯不睡，就叫"守祟"。

据说嘉兴府有一户人家，夫妻老年得子，十分珍爱。在年三十晚上，为防止"祟"来侵扰，就一直逗孩子玩，小孩用红纸包了八枚铜钱，包了又拆，拆了又包，睡下以后，包着的八枚铜钱就放在枕边。半夜里，一阵阴风吹过，祟正要摸孩子的头，突然孩子枕边迸出一道金光，祟尖叫着逃跑了。

这件事情传扬开来，大家纷纷效仿，于是在大年夜用红纸包上钱给孩子，祟就不敢再来侵扰了。因而人们把这种钱叫"压祟钱"，"祟"与"岁"发音相同，日久天长，就被称为

"压岁钱"了。

这个故事是不是很有意思呢？其实早在汉代就有了压岁钱这一说，当时又叫压胜钱，但它并不在市面上流通，而是铸成钱币的样式，用来避邪。钱币正面一般铸有"万岁千秋""去殃除凶"等吉祥话，还有龙凤、龟蛇、双鱼等吉祥图案。可以说，压岁钱的习俗源远流长，满满的全是长辈对晚辈的美好祝愿。

记得校长小时候，物质条件远不能跟现在相比。一般人家都是提前洗好补丁衣服迎新年，买点年货要凭票。我印象中，每年有很长一段时间只能吃地瓜、喝米汤，想吃顿饺子一般要等到大年三十晚上。在那个物资匮乏的年代，很多孩子甚至都不知道压岁钱是什么。寒假后返校，如果有同学拿着两毛五毛的纸币在班上炫耀，一定会引来一大片羡慕的眼神。

大人盼种田，小孩盼过年。我那时总是盼呀盼呀，盼到大年三十晚上，换上一身新衣服，第一件事就是赶紧跑到爷爷跟前："爷爷，你看我穿新衣服了！"爷爷乐呵呵地说："好看！好看！"然后就把手伸到衣兜里，掏出皱巴巴的一块钱给我。那时有一块钱呀，在小孩子们的眼中，俨然就是首富了。

那时候，大家都不富裕，加上穷人的孩子早当家，有钱也不敢花、舍不得花，最后还是交给母亲，变成了家里的油盐酱醋。其实对于一个懂事的孩子来说，拿钱是没有用的，但是对于压岁钱的幸福记忆、莫名兴奋，那种美好的感觉永远留在了心底。

　　现在的孩子条件太好了，比起邻国日本、韩国和越南，估计中国城市青少年的零花钱金额最多。但同学们不要得意哦，虽然我们的金额最多，但我们对零花钱的支配权也偏小，一般都交给妈妈收起来。而日本、韩国的家长虽然严格控制子女零花钱的数额，但是一旦给出就不会过多干涉，让孩子自主安排零花钱，家长视之为培养孩子理财意识的途径。而在中国，许多孩子到了读大学的时候，才拥有自己的银行账户，理财观念才开始浮现。新加坡的中小学生早在 1992 年时，参加储蓄的百分比已经超过 53%；英国政府也公布，从 2011 年开始，储蓄和理财已经成为英国中小学生的必修课。

　　还记得在美国留学的时候，我的美国朋友对孩子的理财就很重视，他们希望孩子早早就懂得自立、勤奋，夫妻俩对孩子的理财教育是：3 岁能辨认硬币和纸币，6 岁具有"自己的钱"的意识。他们有一句口头禅："家里再有钱，那是父母的，自己要花钱打工去！"美国小孩经常帮助父母修剪草坪，赚取零花钱。这能使孩子认识到：即使出生在富有的家庭里，也应该有工作的欲望和社会责任感。

　　金钱与财富会伴随孩子未来的每一天，如何让孩子健康积极的看待金钱，理性智慧地运用金钱？父母、学校要从孩子小时候就开始教导，为父母者能够做到适度放权压岁钱，让孩子不仅从压岁钱中感受长辈的关爱与厚望，更能够在合理掌握与把控压岁钱的过程中，打理财富、提高财商，正确看待金钱、利用金钱，获取人生的目标与生活的幸福感，这是每一个孩子必须掌握的一门能力与艺术。

当孩子年龄比较大以后，家长们不妨给他们一个自主的选择，让他们自己去找个可以增值的理财方式。比尔·盖茨就有一个理论：一个人只有当他用好了他的每一分钱，他才能做到事业有成，生活幸福。

孩子们可以将压岁钱积攒起来，存入银行也是很好的事情。这样可以使我们从小养成节俭的好习惯，不要让一元轻易地从手中花掉。当然，也可以自己学着掌控一小部分，买一些学习用品或小玩具奖励一下自己，只要不浪费就可以了。我们还可以把压岁钱一年一年地存好，报自己喜欢的才艺班。这样既可以培养自己喜欢的兴趣和爱好，还可以合理使用压岁钱，不是一举两得吗？另外，在长辈生日、或某个节日，买礼物孝敬长辈，一家人都会很开心，觉得我们是懂事的孩子。还有哪些更好的方法？欢迎同学、家长们都来谈一谈，相信每位同学都能合理用好压岁钱，都能够体会父母赚钱的不容易，并学好当家理财的本领，让压岁钱给我们上一堂最好的经济课。

2014 年 2 月 20 日

万圣节的鬼故事

上午一直在办公室忙，课间，有两个孩子来找我，一幅上演恐怖片的神态，神神秘秘说："校长，您沙发下有只眼睛！"

这帮小调皮鬼，不知在要什么宝，我故装惊恐："啊？在哪儿呢？在哪儿呢？"

"要趴在地上看。"

原来他们趁我不备，往沙发下放了一只涂满颜色的香梨，咋一看，还真像一只恐怖的眼睛。

大课间时间，哗啦来了一大群孩子，他们像一群快乐的小鹿，叽叽喳喳、争先恐后朝我喊："校长，我要糖，我要糖，不给糖就捣乱……"

原来今天是万圣节！这个节日流传到今天，逐渐褪去了最初的宗教色彩，完全成了孩子们的节目，也是年轻人化装舞会的节目。我看到有些教室挂上了鬼脸南瓜灯、白网黑蜘蛛等，这些都是节日的装点，全然没有骇人的鬼魅色彩。

中午去食堂吃饭，哇，外教老师们好时髦，万圣节的服装，打扮也是万人万相，不是单调的大鬼小鬼了。有的扮演成魔术师，穿上了黑衣黑裤，戴上了黑礼帽；有的扮成女巫，戴着又长又尖的帽子，就像走在时尚界引领时代潮流的风头人物……

有些班级举办了小型晚会，但是学校没有组织大型晚会，孩子们会不会觉得扫兴？会不会觉得校长真是无趣得很，甚至面目可憎？看到同学们一个个热情高涨，校长在这里给孩子们讲个鬼故事吧，是我小时候，奶奶讲给我听的喔。

终南山里有个和尚，他每天从早到晚诵经拜佛，专心一意地静心修行，心中不存任何杂念。

有个"调皮鬼"心想："人家都说那和尚六根清净，无任何杂念。哼！我倒要试一试他，看传言是不是真的，如果不是，一定要把他吓个半死，省得他在这里故作清高。"

调皮鬼马上变成一个无头人，往和尚的茅棚走去。和尚正出来提水，看到山路上走来一个没有头的人，觉得有些奇怪，就自言自语地说："真怪，这人没头怎么还能行走？"

因为从没做过亏心事，对于这样的怪现象，和尚一点都不害怕，他想了想、拍拍自己的头又说："没头也好，不会患头痛的毛病；没有眼睛，也没有耳朵，看不见也听不见世间凡人的一切愁事，多好啊！真是一个自在清净的无头人。"

调皮鬼听见和尚这么说，丧气地走开了。但是一想又不甘心："不行！我还要吓吓他，这次一定要吓出他的真面目。"

不服气的调皮鬼，变成了一个没有手足的人，在路边等和尚走过来。和尚看见了这个只有头颅和身体，没有四肢却可以自由飘动的东西，又说："没有手脚多好啊！不用走路，也不会偷拿人家的东西，想必一定不是个贪心的人。"

调皮鬼听了这话，只好无趣地走开了。但是又一想："再试最后一次，我倒要看看你这和尚是不是真有本事挡得了我三次。"

于是，调皮鬼又变成一个没有躯干的人向茅棚走去。和尚快到茅棚的时候，忽然看见对面走过来一个人，这一回，来的竟然是没有躯干的人，颈子下面是一片透明，双臂和双腿也都像飘在空中一般，自动行走摆动。

一般人看到这幅景象，大概早已吓得晕过去了。和尚看了看这人，却说道："多快活呀！没有五脏六腑不会生病，也就不会有疾病缠身的痛苦，真好！没有最沉重的躯干，感觉真是轻盈。"

调皮鬼看见这和尚果真如此自在，只好识相地走开了。

"到家啰！"取水回来的和尚，把水倒在水缸中，擦了擦一头的汗，深呼了一口气，怡然自得地笑着说："今天天气真好，不过，路上看见的怪人还真多呢！"

这个故事有趣吗？平时一谈到鬼，我们脑海中马上浮起披头散发、青面獠牙的恐怖样子，胆子小的孩子吓得不敢睡觉。我没有见过鬼，从来不怕鬼，我倒觉得鬼不但不可怕，还有趣得很哩。比如我们常常听到有些太太谈到她的先生时，总是娇嗔地说："我们家那个死鬼呀！"提到自己乖巧的孩子时，也会很得意地说："那个小鬼呀！"可见鬼并不可怕，有时候还很可爱。

听完这个故事，孩子们是不是觉得意犹未尽呢？那就再讲一个吧，也是终南山里的故事，也是我小时候，听奶奶讲过的。

有位老和尚正在盘腿打坐，有个鬼披头散发地跑来扰乱他，老和尚一看，叹道："哎哟！这个是什么东西啊？披头散发威仪不整，怎么好意思见人哪？"

鬼一看，不但没有吓着老和尚，反而被指正了一顿，赶快现出青面獠牙的样子，伸出长长的舌头，老和尚看了说："这有什么了不起啊！只不过脸孔青了一点儿，牙齿比我獠一点儿，舌头比我长一些而已。"

鬼一看，还是没吓走老和尚，再变，眼睛、鼻子没有了，甚至手脚也没有，老和尚依旧若无其事地长叹一声说："哎呀，实在可怜哟！怎么眼睛、鼻子、手、脚都不见了呢？"

鬼终于黔驴技穷，落荒而逃。

老和尚看到鬼的可怕样子，心中没有恐惧，有的只是对鬼的慈悲，可见仁者无敌，在慈悲前一切邪恶力量将遁匿无形。

终南山，有人将它解释为——月亮山。传说中，那里是太阳和月亮睡觉的地方，在它神秘的群峰中，坐落着天帝在尘世的都城，还有月亮女神的家。于是这里就成为某些人前来接近月亮神德的地方，因而也就成了隐士的天堂。

　　古时的人们驾着马车，披着长袍，一路饮酒、引吭高歌来到这里，看到青峰如云，宛若仙境，以为走到了天的尽头，故称之为终南山。

　　在中国历史上，一直有人愿意在山里度过一生。他们吃的很少，穿的很破，睡的是茅棚，在高山上垦荒，说话不多，留下来的文字更少——也许只有几首诗，一两个仙方。他们与时代脱节，却并不与季节脱节；他们弃平原之尘埃，而取高山之烟霞。

　　因为对传统文化的热爱，有一年，我曾经去过终南山拜访隐士，我很好奇他们什么都不想要，只过一种简单的生活：在云中，在松下，除了山之外，他们所需不多：一些泥土，几把茅草，一块瓜田，数株茶树，一篱菊花，风雨晦冥之时的片刻小憩。

　　终南山的景色非常美，山林深处时有残雪，一路茂林修竹、泉水叮咚，有风吹过，卷裹着丝丝凉意，偶尔头顶会飞过一两只山鸡，拍打着翅膀，嘎嘎而去，松球、干果不时落下，越发衬托出山的幽静。

　　终南山还有"活死人墓"哦，据记载，王重阳早期曾经在活死人墓中修炼两年，还写了一首《活死人墓赠宁伯功》的诗。看过金庸武侠片的同学都知道，王重阳的练功地点"活死人墓"是重阳宫最神秘的地方。其实，历史上真有"活死人墓"这个地方，的确也是王重阳修道练功的地方，如今还有墓堆、有碑石，有"活死人墓"几个大字。当地专家曾经开过墓地，发现里面确有地下室，看下去深不见底，为了保护起见，没有让人进去，就用土封住了。

对传统文化感兴趣的同学，一定要去看一看。

今天，万圣节已成为西方人一个很普通的季节性节日，有很多人将此看作秋的结束以及冬的到来，万圣节一过，孩子们就开始期盼感恩节、圣诞节乃至新年了。

2013 年 10 月 31 日万圣节之夜

似群鹤翱翔于天宇

又是一年开学季，遥想自己当年做学生时，我们意气风发、挥斥方遒，我们曾在炎炎烈日下走出飒爽英姿，在运动场朝气蓬勃，我们也曾为选哪一个社团迷茫过，也会在期末前废寝忘食挑灯夜读……很多人都会感慨，青春再来一次该有多好！而我最大的幸运就是做了一名教育工作者，每年可以跟孩子们一起迎接开学，一起学习，一起成长，仿佛青春可以再来很多次。

在今年的开学典礼上，当我看到同学们穿着干净的校服，排着整齐的队伍，当我看到一张张灿烂的笑脸充满了对新学期的期待，当我看到教职工身穿漂亮的工装，站在同学们的身后，像一群守护希望的天使……我的心情非常激动，师生们快乐、自由的精神，恰似群鹤翱翔于天宇。

开学了！9月1日这天，校园里热闹非凡，大大小小的孩子们，满怀喜悦与憧憬，走向一间间布置一新的教室，在这个美妙的空间里，我们又开始了新的学习生活。

新学年第一天，让我们轻轻念出一个个名字吧！

如日，如星，你的名字。如灯，如钻石，你的名字。如缤纷的火花，如闪电，你的名字。

让我们的孩子就这样大起来！亮起来！

让我们的世界就这样大起来！亮起来！

亲爱的父母，不要简单看孩子的成绩，不要简单看孩子的分数。要鼓励孩子不断超越自我，不要把别人作为自己的对手，而要把自己作为自己的对手，让孩子们为"最好的自己"加油吧，新学年要有新气象，让积极打败消极，让高尚打败鄙陋，让真诚打败虚伪，让宽容打败褊狭，让快乐打败忧郁，让勤奋打败懒惰，让坚强打败脆弱……没有谁能够左右胜负，除了自己，自己才是运筹帷幄的将军！

亲爱的父母，孩子虽是借你而来的，却不属于你；你可以给他爱，却不可给他想法。如果你执意要把孩子引上成人的轨道，当你这样做的时候，你正是在粗暴地夺走他的童年。给孩子更多的责任，就是给他们更多的成长机会，让孩子帮助别人，其实就是帮助他们自己成长。

亲爱的孩子，世界多数民族都将早晨作为一天的开始，公历的一天开始于午夜，而犹太人的一天则是从太阳落山时开始的。你们知道为什么吗？他们认为，只有将黑夜作为开始的人，最后才能赢得光明，以这种方式教育孩子先吃苦、后享受。

犹太人是最爱书的民族，古代犹太人将书看得破旧不能再看了，就挖个坑庄重地将书埋葬，这时候他们的孩子总是要参与其中的。他们还在经典上涂上蜂蜜，让不识字的孩子去亲吻，孩子很小就知道知识是甜的。

亲爱的孩子，有天我偶然看了一本小书，很有意思的小故事，今天特意讲出来与你们分享：一只小兔子得到一条红裤衩，把它当做帽子戴在头上。大象、松鼠、公鸡、羚羊等都说：这帽子真酷！驴子却告诉小兔子：天啊！这不是帽子，是裤衩！小兔子很纠结地把它当裤衩穿上，大象、松鼠、公鸡、羚羊等见了却说：天啊！错啦！这是帽子！其实，世间没有什么绝对的真理，对不同的人来说，适合自己就是对的。

亲爱的老师，真低教育就是一场修行。一旦决定，你必须有坚定的信念，必须怀揣激情梦想，并脚踏实地去奋斗，你必须时刻听从内心的声音，排除所有的干扰。让那些基础良好的学生，体会到学问之魅，成为专业方面的研究者，是教师履行职责的表现；让那些基础较差、有缺陷的学生感受到学习的乐趣，在原有的基础上有所进步，也是教师履行职责的表现……在教学过程中，看着孩子们幼稚的小脸从困惑转为聚精会神，从聚精会神变为惊讶，最后又从惊讶换成无比骄傲的神情，这是我们老师多么伟大的乐趣。

亲爱的老师，世界上最遥远的距离是知道和做到的距离，虽然知与行的关系是古人也非常纠结的问题，但这样的问题从来没有像今天这样突出。"知道"而不能够"做到"的情况确实经常发生在我们每个人身上。口是心非、言行不一的分裂人格也非常普遍，我们应该努力缩小知道与做到的差距。

西方有一首流传了很久的民谣：丢失一个钉子，坏了一只蹄铁；坏了一只蹄铁，折了一匹战马；折了一匹战马，伤了一位骑士；伤了一位骑士，输了一场战斗；输了一场战斗，亡了一个帝国！

对校长来说，教育无小事；对教师来说，教育就是一个个的细节，教育细节是砖瓦，它构筑着教育教学的大厦；是岩石，它叠垒起人格品性的大山；是细胞，它融汇成学生身心健康的血脉。不积跬步，无以至千里；不积小流，无以成江海。要想让我们的孩子将来获得成功的果实，就要从身边的小事做起。

最后，谨以英国教育家斯宾塞的一段话，送给孩子们作为礼物：孩子，我无法牵着手把你从这里带到那里，这条路你必须自己去走。我能够真正向你承诺的，只是对你坚定不移的支持。我会给你一些指引，把我的经验告诉你，但这代替不了什么，一切得由你自己决定，作出选择，并承担责任。

2013 年 9 月 4 日

寄语毕业生

　　每到 6 月的这个时候，校园就弥漫着毕业的气息。同学们的情感是非常复杂的，我也体会到了这种情感。既有别离的伤感，也有不舍的眷恋，当然，更多的是对未来的憧憬，这是毕业所特有的、难以言表的一种滋味。

　　过去的日子，是我们共同收获的日子。同学们收获了师生之间的深情厚谊，这种美好的情感将伴随你们一生，也将帮助你们更好地走向成功！你们还收获了快乐、自律，它是所有成功者最重要最关键的品质。你们懂得了何时做何事，何事可为，何事不可为，你们知道了一个人的内心处于充盈的、富足的状态时，他不怕外界贬低他的价值，也不怕丢失什么，因为他知道外界不能改变他的任何价值。这时，他自然有能力去爱、去帮助他人；他自然就是快乐的、自信的、宽容的、谦逊的、诚实的。

　　你们还收获了演讲能力、领导能力、团队协作能力和学习能力等等，相信这些已融入同学们的血液中，成为你们腾飞的翅膀和永恒的动力。

学校则收获了你们的苗壮成长，你们青春的气息、生龙活虎一般的生活，让母校焕发出蓬勃的生机；你们不屈的意志、拼搏的精神，为母校赢得了珍贵的荣誉。学校因你们而骄傲！展望未来，我心澎湃，因为，从你们的眼神中，从你们的言谈中，从你们的行动中，我已深深地感受到同学们的博爱、自信、勇敢、坚强和奋斗不息！

此时此刻，我不想费力地搜寻一些流行的词汇来修饰我的文章，因为我们之间不需要任何流于形式的讲话，我想，关键在于我们有一颗可以互相沟通的心灵。

今天，我要特别要感谢家长们。有的家长在三年前，有的在五年前，怀着对王府外国语学校的信任，把你们送到这里。今天，当你们走出这所学校，对你们的未来充满期待的，除了家长，还有你们的老师们，还有你们的母校——王府外国语学校。

无论你们当初进入王府外国语学校的理由是什么，我们现在更需要省察的严肃问题是：学校在这三五年中给了你们什么？除了书本知识以外，你们从学校还得到了什么？这个问题涉及教育的本质问题。抛开了教科书和听课笔记，忘记了为考试所牢记的一切，剩下的东西才是最有价值的。

我认为这剩下的东西应该是一颗自由而快乐的心灵，是高尚的品格、是浪漫的才情。现在的教育有个误区，以为挤垮了谁，超越了谁，就是比谁强，孩子们以这种逻辑在成长着。其实，一个真正的强者，不是摆平了多少人，而要看他能帮助多少人——愿帮助别人，这是德，能帮到别人，这是能。有德、有能的才是强者。

我在这里如此强调心灵，因为心灵的严肃和丰富是一切美德之源。没有美德的心灵，不可能去思考自己生命的意义和价值，也就不可能对他人有真正的关爱心、对社会有真正的责任心。

你们即将进入初中或高中，将来还要走进更高的学府。不管你们身处何方，我坚信王府外国语的学子是自信的、勇敢的、坚强的。我们敢于面对，积极承担，为了美好的未来，就算有无数荆棘阻挡，我们也绝不轻言放弃。我坚信王府外国语的学子是优秀的、热情的、智慧的，我们要努力，我们要进步，我们要书写最精彩的未来。

无论我们的过去是轰轰烈烈还是平平淡淡，那都不重要了，重要的是现在，是未来。青春是美丽的，在自己的园地里，我们应该收获丰硕的果实；希望大家继承母校的优良传统，不断去开创美好的生命新境界。我真诚地希望我们每一位同学，都应记住自己的追求和责任，严格按照母校的规范来要求自己，时刻用母校的精神来激励自己。

江山代有才人出，各领风骚数百年。我的毕业生们，希望你们扬起青春的风帆，在知识和智慧的大海里劈波斩浪，不断向前；相信你们一定会不断克服自己的缺点，弥补自己的不足，在攀登学业高峰的道路上步步争先！让时间作证，相信你们一定会成为智慧并富有激情的人，胸怀大志并脚踏实地的人，德才兼备并勇于创新的人，富有责任并敢挑重担的人。

作为校长，我希望同学们在追求梦想的道路上，也要学会品尝和享受当下的一切。我们常常赋予终点超常的价值和光芒，而真正的风景是在旅途中。终点瞬间即逝，像考上大学、找到工作、出国、当上官、甚至赚了一笔等，如果人生只是为了几个点而努力，该是多么昂贵的代价！

作为校长，我希望同学们别为小小的委屈难过：人生在世，注定要受许多委屈。而一个人越是成功，他所遭受的委屈也越多。你要学会一笑置之，你要学会超然待之，你要学会转化势能。智者懂得隐忍，原谅周围的那些人，让我们在宽容中壮大。

作为校长，我希望同学们把美好而坚定的信念传播给那些迷茫的人，让他们因此觉醒！把喜悦带给那些苦难的人，让他们因此幸福！把智慧和真理带给那些黑暗中的人，让他们重见光明！这就是我们努力学习、成长、吃苦和忍受的动力！

你们曾微笑着在校园的紫藤架下散步，洒下最快乐的时光。你们走进洒满晨光的教室，开始一天的学习生活，空气中散发着淡淡的书香，你们在如此优越的环境中学习，成长，完成了少儿时期最美好的蜕变，破茧而出，自由飞翔……所有这些，都将是我们共同的最美好的记忆。

告别母校，你们也许有些伤感，但是不要惆怅。因为那无限的未来就要从现在开始，毕业昭示着一种荣耀，更担当着一份责任。随着你们慢慢长大，也许你们会认识到社会的更多层面，这世界是一半一半的，就像阴阳太极图，天一半，地一半；男一半，女一半；善一半，恶一半；清净一半，浊秽一半。接受残缺的一半，学会包容，就会拥有一个完整的世界。

一些冥冥中阻止你的，正是为了今天和明天，乃至以后的漫长岁月，让真正属于你的，最终属于你。有时候，你以为的归宿，其实只是过渡；你以为的过渡，其实就是归宿。

我的毕业生们，刻在木板上的名字未必不朽，刻在石头上的名字也未必流芳百世；就让我们彼此将对方的名字铭刻在心灵上，这才真正永存。

人生就像一个大大的舞台，有很多的开幕和谢幕，我们总是期待着每一次都能够崭新地开始、精彩地演绎和完美地谢幕。我的朝气蓬勃的毕业生们，我的孩子，你们的生活即将拉开新的一幕，无论你今后身在何处，王府外国语学校永远是你们的家。此时此刻，让我以至诚的心深深祝福，深深地祝福你们……

2013 年 6 月 14 日

一个小男孩的故事

几年前曾经看过一部电影，电影里的小男孩一直让我记忆犹新，今天正好有点空闲，于是写下来和孩子们分享。

托马斯是个十岁的小男孩，出生在英国一个贵族家庭。每到圣诞节，慈爱的父亲就会带着他一起摆上小木偶，幸福的一家，幸福的生活。然而这一切随着父亲被征召入伍而改变。"当男人去了战场，好女人就会挑起家里的一切重担"，母亲每天为生计忙碌，根本没时间陪他，他自己收集了许多棒球明星的卡片，想收集齐了送给父亲，因为父亲也喜欢棒球，眼看着只差一张了。

托马斯天天盼着父亲回来，父亲给他写信说："帮我照顾你妈妈，你一定要乖乖的，我很快就会回家的，我保证！"一天夜里，他以为父亲回来了，没想到晴天霹雳，得到的是父亲阵亡的噩耗。

为了维持生活，母亲卖掉了城里的住宅，小男孩声嘶力竭地喊："我不想走，我喜欢这里！"他始终相信父亲没死，或者只是受伤了、被抓了，父亲回来怎么办？

母亲的眼泪让十岁的儿子不得不面对现实，列车飞奔，带着这对忧郁、迷茫母子到了乡下琼斯姨妈家，因为战争，琼斯也失去了丈夫。

在火车站，托马斯把父亲给他做的一套木质圣诞玩偶给落下了，他很伤心。当地有一个木雕手艺很好的人，叫乔纳森·图米，他是从外地搬来的，孤身一人住在森林的小木屋里，不喜欢与人说话，也不喜欢与人来往，成天板着脸穿着破旧的长外套。一群顽童叫他"沮丧先生"，总是喜欢跟在他身后盘算着戏弄他。为首的小孩逼着托马斯到图米的屋子里拿一件东西，作为托马斯"入伙"的证明，但结果托马斯被图米发现了。

托马斯的母亲看到图米做的书立之后，上门请图米在圣诞节来临前为托马斯做好一套木质玩偶，有两只羊、两头牛、三个东方贵宾、天使、圣母、小耶稣，这要求遭到了图米的拒绝，他不为不尊重别人的人做活。托马斯的母亲问明情况后向图米道歉，图米这才以一块五的价格接了活。

母亲又请求允许托马斯每天去看图米做活，图米冷冷地说："不行！为什么对我是这种要求？"

母亲解释说："他一直都是一个很有创造力的孩子，他对制造东西真的很有兴趣，过去的一个月，他真的过得很痛苦，我想鼓励他做自己感兴趣的事。"图米不答应，在她再三恳求和保证不会出声干扰他之后才勉强答应他们每天傍晚来一个小时……

母亲带着儿子来了，图米冷冷地说："不准乱动，不准乱晃，不准发出声音，我不喜欢分散注意力，不喜欢谈话。"并且不准他们坐一张椅子，"没有人可以坐那张椅子！"

三个人在一起，气氛僵硬得让人难堪，小男孩打破沉默："图米先生，我很抱歉，我能问您一个问题吗？"

"如果你一定要问。"

"您现在刻的是我的羊吗？"

"那么还会是谁的羊？"

"图米先生，抱歉，但是您……您刻的羊不对，您……"

听了小男孩的话，图米身子一歪，险些割破手指。

小男孩继续说："您刻得很好，但它看起来不开心！"

"开心？开心！胡扯，这是只羊，羊，它本来就不应该开心。"

小男孩倔强地说："我的羊看起来就开心。"

"为什么？你觉得它为了什么开心？"

男孩绽开明朗的笑容："它知道小耶稣和它们在一起！"

母亲连忙打圆场："我想我们该回去了，非常感谢您，图米先生。"

第二天，母子又来到图米的木屋里，在同样沉闷的气氛中，托马斯问："图米先生，非常抱歉，您刻的是我的牛吗？"

"是的。为什么问？"

"哦，没有什么原因，这牛很好，图米先生，它只是……不像我原来的牛。"

"好吧。所有的雕刻都不一样。"

"但是我的牛，它看起来很自豪。"

"自豪？胡扯，牛就是牛，它们怎么会自豪？"

"我的牛就自豪，因为它们知道耶稣要在它们的谷仓里诞生，它们深感自豪。"

影片到了这个时候，响起了优美、深情的主题曲：很久很久以前，一片遥远的土地上，一个智者得到神的启示，带领人们启程，穿越沙漠，在光的指引下，他们日夜兼程，唱着赞美的歌，带着珍贵的礼物，一个天使让他们忘记了旅途辛劳，变得和赤子一样，是他，是他，这个天使……

当图米要雕刻圣母和小耶稣时，他第一次主动问："好吧，托马斯，在我没犯错时请你告诉我，玛利亚和小耶稣应该是怎样的？"

托马斯说："他们彼此深爱，胜过爱世界上的任何事物！"

一行一行的泪水，顺着图米的脸颊流淌，这个至情至性的一直活在阴影里的男人，他的眼前仿佛出现已经故去的妻儿，妻子抱着孩子坐在那张椅子里，母子彼此相爱，胜过爱世界上的任何事物……

电影名叫《图米的奇迹》，说不上哪里特别好，不过看着非常舒服，天使一样的男孩，笑容非常纯净，他的灿然一笑，就像洒在湖面的阳光，让人看了难以忘怀。还有他的母亲，可怜的贵妇人不得不学着做饭、织毛衣，一次做饭差点把家里点着，尽管刚开始她做的食物难以下咽，但在她不懈的努力下，很快就能做出可口的饭菜，并把一切打理得井井有条，影片也让我们一睹这位英国贵妇人的风采，真正的高贵，贵在精神、贵在品质，她的美丽、谦卑、慈爱、勤劳、坚忍、内敛、自省等等，都在影片里有着优雅的诠释。

男孩和图米的对话非常有意思，那种天使般的纯净非常打动人。我想这就是好故事的魅力吧：奇迹不能让死了的人回来，奇迹是让我们能够正视自己的生活，走出阴霾。

2013 年 3 月 6 日

春天的庆典

三月的风无拘无束吹过来，从草尖上，从柳梢里，从飞翔的翅膀旁；三月的风无拘无束吹过来，吹来孩子们朗朗的读书声、欢快的嬉戏声。三月的风，轻轻拂面，让我想起了《论语》里的一句："浴乎沂，风乎舞雩，咏而归。"

这是中学时在语文课里学到的，当时只觉得很美罢了，奈何繁重的学业已教我们无暇享受那样的快乐。

在两千多年前，孔子问伺坐一旁的众弟子："假如有人能够理解你们，你们打算怎么做？"众弟子或谈治军、或谈富国、或谈守礼之道，一帮师兄弟在回答老师的问题时，唯独曾皙在一旁悠然鼓瑟，何其浪漫。而他这一段诗情画意的回答，一下子把孔子感动得心旷神怡，喟然叹服。

曾皙的话，为我们展现了当年鲁国上巳节的风俗画卷：暮春三月，草长莺飞，年轻人脱去沉重的冬装，穿上新制的春衫，约几个情投意合的伙伴，带几个天真烂漫的童子，来到清澈的沂水边洗澡、嬉戏，顿觉神清气爽。

青山隐隐，遮不住春天的妩媚；沂水悠悠，荡不尽春天的柔情。春风在枝头，春风在草地，春风也在心扉，春风最是婉约，她吹拂着沂水，掀起细细的涟漪。

山坡、树丛，处处萌动着春的色彩，自然的力量就这样无声无息轻轻地叩击着每一个人的心扉。这一天，鲁国的美少年大概聚齐了吧，或风流倜傥、或玉树临风、或一表人才、或文武双全……美酒和歌舞相伴，衣袂飘飘。

沐浴后，一行人来到河边的雩坛，那里正在进行盛大的舞会。钟鼓齐鸣，管弦悠扬，人们你唱我应，歌声响彻云霄，青年男女成双成对，联袂而舞，平时祭神求雨的雩坛成了欢乐的歌场。当夕阳西下，舞会散场，归去的人们意犹未尽，边走边唱，踏歌而行，悠扬的歌声伴着落晖夕照四处飘扬，经久不息。

早在周朝，每逢三月的第一个巳日（上巳日），人们就到水边去祭祀，并用兰草沐浴。这像不像现代的香熏SPA？其实古人早就懂得了，并付诸实践，后来人们称之为"禊"。

到了魏晋时代，上巳节逐渐演化为皇室贵族、公卿大臣、文人雅士们临水宴饮的节日，并由此而演绎出上巳节的一种风雅游戏——曲水流觞。众人坐于环曲的水边，把盛着酒的觞置于流水之上，任其顺流漂下，停在谁面前，谁就要将杯中酒一饮而尽，并赋诗一首，否则罚酒三杯。

"曲水流觞"被记载于著名书法家、文学家王羲之的《兰亭集序》中。东晋永和九年（353年）的上巳节，王羲之、谢安等四十二人相聚兰亭，修禊仪式后，大家饮酒赋诗，论文赏景，共得三十七首，结成《兰亭集》。王羲之挥毫作序，乘兴而书。这次上巳修禊，不仅诞生了"天下第一行书"的《兰亭集序》，而且为后世形成了一道独特的文化景观。

到了唐朝，上巳节已成为全年的三大节日之一，节日的内容除了修禊之外，主要是春游踏青、临水宴饮。历史记载，皇帝在这天也要在曲江池宴会群臣，行祓禊之礼。

大诗人王维年年都要过上巳节，年年都要写一首诗，杜甫的《丽人行》也写了游春的情形："三月三日天气新，长安水边多丽人。"刘禹锡和白居易，也有三月三在洛水边"棹歌能俪曲，墨客竞分题"的酬唱。

只是我们这个时代的人，不知当前在哪里还能看到此等盛景？这一延缓了千年的优雅，似乎已消逝在岁月的长河里了。

在我上中学的时候，比较偏爱英语，不大喜欢古文，总觉得过去的儒生不是义正词严的君子，就是索然无味的书呆子，想不到他们原来是这样风花雪月、风流倜傥。那时不但不了解孔子师徒的真性情，也体会不到上巳节这个春天庆典的真风流，直到后来，直到用心去领悟《论语》，突然发现那时的人，自始至终洋溢着一种温柔敦厚、克己复礼、仁者爱人的和乐精神，那种与生俱来的生命情怀和青春气息。

如果在我们现代，有这样一个活动，有这么一群人，学习古人曲水流觞，一诗一饮以尽情怀，一定很开心。我在想，我

们学校今年的春游，要不要精心策划一下，带上所有的学生
——所有的学生都是我们的得意弟子——全体师生出游，且咏
且舞而归，多么开心！

　　就在今年春节，我陪母亲游览故宫，故宫有一个仿制的流
杯亭，亭子里面修了九曲回环的小溪，原来乾隆和他的大臣们
极为风雅，也效仿当年兰亭之会，曲水流觞。

　　我们现在的春游，古称踏青，其实也来源于"上巳节"。人
们在现代生活中保留着春游的习惯，只可惜传统节日的种种习
俗已经消失殆尽。

　　昨天下了一场雨，今天真是个难得的好天气。早上出门，
看到蔚蓝的天空，明媚的阳光，春天的气息四处弥漫，心有所
感，于是写下这篇博文——春天的庆典。在我们提倡尊重古典
文化、继承优秀传统的今天，我们的老师、同学也可以重新了
解一下，那些已被现代人淡忘的古老节日。

2013 年 3 月 19 日

新学年，在孔子像前的祈祷

距离开学的日子近了，孩子们还在寒假中，学校里一片宁静。

阳光很好，照在高大的孔子像上，我也难得有闲暇，握一卷古老的典籍，漫步在孔子像下。仰望圣贤，一时，有着如沐春风的惬意。

"天不生仲尼，万古如长夜。"南宋儒学家朱熹这么说过。

"如果人类要在21世纪生存下去，必须回头2540年，去吸收孔子的智慧。"数十位诺贝尔获奖者达成这么一个共识。

孔子出身卑微，却自强不息、学而不厌，背负着修身齐家治国平天下的伟大志向；孔子历尽艰辛，却乐以忘忧、诲人不倦，开辟了中国私学教育的先河；孔子屡遭陷害，却宽容笑对、周游列国，为万民苍生寻求福祉；孔子一生颠沛流离，却安贫乐道、乐观向上，从不放弃自己的大同理想！

"君子务本，本立而道生！""不义而富且贵，于我如浮云！""发愤忘食，乐以忘忧，不知老之将至。"智慧的话语激励并造就了古今多少志士贤人！我仰望着孔子像，孔子双目深邃，脸上挂着淡定从容的微笑。

至圣先师齐日月，高山仰止水流长。

在孔子的教育思想中，教师占有特殊位置。教师陶冶学生的品德，教导学生以知识，培养学生的才能，发展学生的专长等等，孔子根据他自己教育实践的经验，对教师提出了多方面的要求。

孔子说："其身正，不令而行，其身不正，虽令不从"。上级或教师作风行为正派，就是不发命令，下级或学生也会执行；上级或教师作风行为不正派，就是发命令，下级或学生也不听从。他还说："不能正其身，如正人何？"如果不能端正自己，又怎么能端正别人呢？

子贡问孔子："后世怎样称道您老人家？"孔子回答说："我何足以称道呢？如果一定要说，就算是学而不厌、诲人不倦吧！"学而不厌，诲人不倦，这也是对教师的要求。

孔子说："仁者爱人""智者知人"。他看到他的学生闵子骞、子路、冉有、子贡的表现，感到由衷的高兴。原宪家贫，他常接济。冉伯牛有病，他去看望。他和学生有深厚的情谊，尤其难能可贵的是，孔子认为一种正义事业需要人去承担时，年青一代要敢于勇往直前，即使在老师面前也不必谦让。"当仁不让于师"。这里包含着在仁德和正义面前师生一律平等的思想以及"吾爱吾师，吾更爱真理"的观点。

我想，缅怀至圣先师，最好的方法是"温故而知新"，认清孔子思想的现代意义，进而身体力行，努力实践他的教导，尽到承前启后的责任。

那么，孔子又是如何教导他的儿子呢？《论语》中有一章记载：陈亢问于伯鱼曰："子亦有异闻乎？"对曰："未也。尝独立，鲤趋而过庭，曰：'学诗乎？'对曰：'未也。''不学诗，无以言。'鲤退而学诗。他日，又独立，鲤趋而过庭，曰：'学礼乎？'对曰：'未也。''不学礼，无以立。'鲤退而学礼。闻斯二者。"陈亢退而喜曰："问一得三，闻诗闻礼，又闻君子之远其子也。"

陈亢是孔子的弟子，伯鱼是孔子的儿子孔鲤，孔子之所以给儿子起这个名字，是因为孔鲤出生后，鲁国国君鲁昭公送了一条鲤鱼祝贺。为纪念这件事，孔子给儿子起名鲤，字伯鱼。

这段话的意思是说，孔子有一天在庭院中独立，儿子孔鲤快步从他身边走过，孔子问："今天读诗了吗？"孔鲤回答："没有。"孔子说："不读诗，你就不会懂得怎么说话。"孔鲤退而读《诗》。

又一次，孔子问："今天学礼了吗？"孔鲤回答，"没有。"孔子说："不学礼，你就无法在社会上立身。"孔鲤退而学礼。

这就是孔子教子的"过庭语"，内容包括两个方面，一是让儿子读诗，《诗经》是我国最早的一部诗歌总集，优美、简洁，蕴涵着深刻的哲理，读诗不仅使人学会语言，而且还能懂得许多做人的道理。二是让孩子学礼，习礼仪是为了规范自己的言行举止，从而为孩子将来在社会上安身立命打下基础。总之，孔子教给孩子的是能言会立的真本事，拿现在的话来说就是素质教育。

我喜欢读《论语》，从少年时期到现在，已经不记得读过多少遍了，《论语》记载了孔子教育的实际操作过程，我们可以看出伟大教育家的从教风采。漫步在孔子像下，我想到了很多很多……冬天即将过去，春天就要来临，在这风和日丽的天气里，我轻轻地闭上双眼，虔诚合掌，迎接新学年的到来。

再过几天，我的师生们都将踏着春的旋律，满怀豪情壮志走进校园。我想张开双臂，迎接大家的到来：大家是我生活中须臾不可离的一部分，大家的微笑就是我的微笑，大家的伤心就是我的伤心。世界万事万物都因你们而更加生动，更加美丽，我所做的一切也都有了意义。我热情拥抱大家的一切，就像蓝天拥抱白云飞鸟，夜晚拥抱月亮星辰，无论美的还是不美的，优点还是缺点。

我为我们祈福，在这充满希望的季节里，愿我们每一天都过得精彩，每一个梦想都能实现，每一个付出都能丰收。要记住：进入状态，学习就是享受；心情浮躁，闲着也是痛苦。愿我们大家在新学年中收获更多成功的喜悦！

愿每一座山峰都雄伟，每一条河流都清澈，每一朵鲜花都娇艳，每一片绿叶都青翠；每一个日子都美得无可挑剔。

　　亲爱的师生们，我愿张开双臂迎接你们、拥抱你们，愿我们大家在新的学年且学有所进、学有所长，愿我们大家在学校这片美丽的沃土上快乐生活、茁壮成长！

　　新学年，我迫不及待地早早来到学校，站在孔子像下，虔诚为我们祈祷……

2013 年 2 月 24 日

因为你们，我成了世界上最快乐的人

今天是圣诞节，朋友们都会怎么过呢？而我的圣诞节，当然要跟我的孩子们一起度过了。

这的确是个令人雀跃期待的日子，别说是小孩子，就连我也悄悄兴奋了好几回，早就准备好了服装，还有雪白胡须，黑色靴子，我要打扮成有着红红脸膛，驼背的圣诞老人，最好能够赶着驯鹿，拉着装满玩具和礼物的雪橇挨家挨户给每个孩子带来礼物，因为他们相信快乐老精灵在夜里会从大烟囱下来，给他们带来满袜子的礼物……不过，赶着驯鹿，从大烟囱下来好像不大现实哦。

当我装扮停当，连忙去问隔壁办公室的老师："能看出来是谁吗？"他们说看不出来，太好了，要的就是这个效果。

"叮叮当，叮叮当，铃儿响叮当"，优美的旋律，动听的曲子……当我推开教室门，大声祝福 "Merry Christmas"，当我拉开挡住面孔的雪白胡须，教室里顿时沸腾开来，孩子们激动地喊"校长、校长……"并迅速围拢过来。

这童话般的节日，注定属于我和我的孩子们。

孩子们热切地注视着我，一张张笑脸像鲜花一样绽放。我的心底涌出一股幸福的暖流，谢谢我的孩子们！此时此刻，我就是世界上最幸福的人！

外国语的同学们，是你们给了我快乐，给了我自信，给了我作为一个校长的无穷乐趣，我真的非常感谢你们！你们亲手叠的精致"爱心"、还有那么多灵巧的手工礼物，我会永远珍藏，永远！谢谢！

你们拉着我，抱着我，舍不得让我离开，可是孩子们，每个班级校长都要去看看呀。你们争先恐后地给我祝福，不停递给我一个个亲手叠制的精美小礼物；看，校长已经捧了满怀，已经装不下了……当我接过代表你们心声的小礼物，此时此刻，我就是世界上最幸福的人！

孩子们，你们看，美丽的圣诞树象征生命长存，树上装饰着各种灯烛、彩花、玩具、星星，还挂上了各种圣诞礼物，是老师带着你们一起布置的吧？每棵树的顶端都有一棵特大的星星，你们知道象征着什么吗？那是一颗引导东方三博士找到耶稣的星星。孩子们，在这温暖祥和的圣诞之夜，让我们围着圣诞树唱歌跳舞，尽情欢乐。让我们每人在心中许下一个美好的祝愿，愿传说中的圣诞老人能把我们许下的心愿一一实现。

两小时左右的圣诞活动画下了完美的句号，感谢一直默默为活动付出的所有人。因为相聚，我们分享了这快乐的时光，因为圣诞，我们收获了无尽的祝福。

回眸走过的路程，心底总会涌起无限感慨。孩子们给了我太多，我为他们笑，也让他们感动，是他们给了我无数的惊喜，让我有了成就感，也让我——一个普通的校长，在这一刻，成了世界上最幸福的人。

此时此刻，我的脑海里再次浮现出了一张张熟悉、可爱的笑脸，细细品味着那份稚嫩而又清醇的真情，我心潮起伏，久久不能自已。我自豪，因为我拥有一群快乐的天使；我感动，因为我拥有那么多爱的温馨！我幸福，因为我爱孩子们，孩子们也爱我……

我告诫自己：我要加倍珍惜和孩子们在一起的时光，尽可能多地传授孩子们知识，为他们今后的发展打下更坚实的基础！

关于圣诞树的来源，有这样一个传说：据说有一位农民在风雪交加的圣诞夜里接待了一个饥寒交迫的小孩，让他吃了一顿丰盛的圣诞晚餐。这个孩子告别时折了一根杉树枝插在地上，并祝福说："年年此日，礼物满枝，留此美丽的杉树，报答你的好意。"小孩走后，农民发现那树枝竟变成了一棵小树，他才明白自己接待的原来是一位上帝的使者。

我真想变成上帝的使者，许孩子们一生平安、幸福、美满、成就，来报答孩子们的好意。我相信每一个孩子都是一幅纯洁的画，一首有韵的诗，只要肯用全部的爱去滋养。

　　在这难忘的圣诞之夜，如果我给学生的爱是一场春雨，那么学生则让我收获了整个春天。

2012 年 12 月 27 日

校园的雪花

清晨醒来，窗口透进来的微光比平日里强烈一些，拉开窗帘，果然看见雪花漫天飞舞，惊喜突然而至。雪花仿佛是可爱的天使，只要看到它们，总能开启我快乐的心扉。

来到学校，住校的孩子们已经起床了，有的在食堂吃饭，有的在雪地里追逐打闹，欢呼声、笑声连绵不断。

我喜欢落雪的季节，喜欢雪的柔美、雪的洒脱，还喜欢张开手让雪花飘落在掌心，慢慢去感受那份宁静、那份惬意。

我的孩子们，在我像你们这么大的时候，虽然畏惧寒冬，容易冻伤，但是快乐的心情跟你们一样，那时，我总是兴奋地在雪中转几个圈，然后才小心翼翼地伸出双手，去迎接盈盈飘下的白色花瓣，直到衣服上、帽子上、围巾上都白了一层，才不情愿地被母亲拽进伞下……

小时候，我和小伙伴们常常找来棍子，把房檐下的冰条儿打下来，看它们在手心里融化，开心得都不知道冷。

你们知道吗？其实校长小时候跟你们一样调皮、贪玩，堆雪人、打雪仗，玩得不亦乐乎。还记得那时家家户户门前挂着火红的辣椒串，一片祥和宁静的景象。我家当然也有，勤劳的母亲一串串穿下，可以制成辣椒酱、辣椒粉、辣椒油、辣椒丝等，用来拌面、炒菜、做汤，真是美味啊。我总是揪下几个红辣椒，然后拿到雪人身上装扮成眉毛、嘴巴，发挥各种创意。晚上，忍不住打开门看看外面，夜在雪的映衬下透出一种温柔而朦胧的光，原来雪夜这么静谧而且美丽……

还要告诉你们一件"糗事"哦：你们看，我脸上的伤痕，严重影响到校长的"光辉形象"了吧？这就是小时候让寒冷气候给冻坏的！

唐代大诗人岑参曾经这样描写雪花："忽如一夜春风来，千树万树梨花开。"诗人把雪花比作梨花是再恰当不过了，在一个朔风乍起的夜晚，那漫天飞舞的雪花不正像千树万树绽放的梨花吗？不得不佩服诗人的观察是独到的，你们呢，有没有觉得灵感飞扬？有没有古人那样的才情，吟一首浪漫的诗呢？

"踏雪寻梅梅未开，伫立雪中默等待"。这是踏雪寻梅的典故，至今想来，仍对古人那种旷达的情怀倾慕不已。

但我不能继续浪漫，只要雨天、雪天，校长必须站在学校的主路口，防患于未然是对安全的最大保障。要操心的事情很多：走读的孩子能不能按时到校？住校的孩子有没有困难？要召集学校领导以身作则去扫雪——身教胜于言传，还要去看看食堂是否受影响……

孩子们，我是那样喜欢看你们在雪地里追逐打闹。尼采说，每一个不曾起舞的日子，都是对生命的辜负。雪，一直安静地下。你们看，雪花飘落的姿势像什么？像蝴蝶，像落叶，像天女散花？仿佛一场来自灵魂深处的美，给人带来宁静与平和，叫人如何不感动呢？

曾经有学生问他的老师："您能谈谈人类的奇怪之处吗？"老师答道："他们急于成长，然后又哀叹失去的童年；他们以健康换取金钱，不久后又想用金钱恢复健康。他们对未来焦虑不已，却又无视现在的幸福。因此，他们既不活在当下，也不活在未来。他们活着仿佛从来不会死亡；临死前，又仿佛他们从未活过。"

我的孩子们，希望你们投入自然的怀抱，去享受爱，去享受美，因为真正的学习是在大自然中，而不仅仅只在教室里。当大地披上了一层厚厚的银装，踩上去"咯吱、咯吱"，那是多么动听的声音！多么美妙的音乐！

投入到雪花的怀抱中去吧，去感受自然的博大、雄奇，去阅读自然这本无字之书，自然的气息、光影和声响，能给你们营造一个更为丰富、美好的心灵世界。

我听到了你们银铃般的笑声在校园里回荡，我知道你们玩得有多么开心，这世上有一样东西，永远比任何别的东西都更忠诚于你，那就是你的经历。你在其中遇到的人和事，你的悲欢、感受和思考，这一切只有你自己可以体会，也是你最珍贵的财富。好好去体会吧，青春、欢笑，生命的律动与激情！

你们嬉戏的时候令我神往，这才是真正的快乐，它如此甜美、如此纯洁！我陶醉于你们的快乐，我默默祈愿上苍恩赐，愿你们永远能够这般自由、快乐地生活着。当我注视着你们，仿佛此刻停止了思维，我的心灵已经迷失在你们的世界里……

但是低于零度的天气，不适合孩子们在外面玩耍，校长要考虑到你们的健康、你们的安全，于是故意板着脸，说："上课了，上课了，快回教室！"当我这样说的时候，是不是显得很古板，很没有意思？

一位哲人说过，灵魂是由骑手驾驭的两匹马，一匹通体透明，日行千里，驶向崇高壮丽的天国；另一匹则黑暗而愚钝，顽固地拖向大地，拖向物质的世界。心灵的翅膀渴望高高飞腾，现实的桎梏最终将我们拖向地面。我们全部的痛苦即来源于此，而最终的幸福也将来源于此。

喜欢落雪的季节，喜欢落雪的感觉。每一片雪花里都有一个童话，每一片雪花里都有一个美丽的梦。虽然每个季节都有不同的景色，但是我尤其喜欢下雪时的壮丽。松柏的清香，雪花的冰香，一切都在过滤，一切都在升华，纯洁而又美好。

最后，让我们一起来欣赏徐志摩的诗：

假如我是一朵雪花，
翩翩的在半空里潇洒，

我一定认清我的方向——
飞飏，飞飏，飞飏，——
这地面上有我的方向。
不去那冷寞的幽谷，
不去那凄凉的山麓，
也不上荒街去惆怅——
飞飏，飞飏，飞飏——
你看，我有我的方向！

2012 年 12 月 18 日

致亲爱的孩子们

（一）

每天早晨，当我走进校园，你们总是在很远的地方就开始向我问好，那么阳光，那么礼貌，显示出良好的教养，因为你们，我的内心被幸福围绕着，美好的一天就这样开始了！

当我注视着你们，心里总会赞叹不已：多么美好的年龄啊，如晨光中带着露珠的花蕾，如一首首清新美丽的小诗！少年时代，这是一个朝气蓬勃、奋发向上的季节，在这充满希望、美好、绚烂的季节里，亲爱的孩子们，我深深地祝福你们，祝你们拥有快乐、充实、回味无穷的学习时光。

我亲爱的孩子，永远都要相信温暖、美好、信任、尊严、坚强这些"老掉牙"的字眼；不要颓废、空虚、迷茫，不要认同那些伪装的酷和另类，那是无事可做的人用来放任自己的借口。真正的酷是在内心，你要有强大的内心，要有任凭时间流逝也不会磨损和屈服的信念。

我亲爱的孩子，希望你们都能够热爱学习、善于学习。透过你批评的眼睛看，这世界充满了有缺陷的人；透过你傲慢的眼睛看，这世界充满了低贱愚痴的人；然而，透过你智慧的眼睛看，你会发现原来每一个人，都有值得你尊重和学习的地方。

你们知道能登上金字塔的动物有几种吗？两种！一是鹰，二是蜗牛。为何鹰可以？因它天资奇佳，搏击长空；为何蜗牛可以？因它自知资质平庸，故坚持一步一个脚印，永不放弃。为什么其他动物很难？因为高不成低不就，没有太高能力，又不愿从低处做起，更没耐心坚持！

（二）

孩子们，还记得小时候吗？当幼儿园的小朋友摔倒了，你们会立刻过去扶他起来，关切地帮他抹去泪水，因为老师说："同学之间要相互友爱。"当地上有废纸垃圾时，你们会小心地捡起来丢在垃圾箱里，然后骄傲地想："老师一定会夸我是个讲卫生的好孩子。"

你们还能背出那些古训吧？"人之初，性本善。性相近，习相远……"你们了解它的真正含义吗？它对于你们，仅仅只是一句会背的古训吗？你们可能更不会理解为什么老人们总是说"吃亏是福"，吃亏怎么会是福呢？是否有点可笑？还有，那些血洒疆场的勇士们又是为什么不顾生死？这些，你们都用心想过吗？

你们知道什么是真正的贵族吗？国外的贵族学校，他们每天要接受非常严格的训练，因为真正的贵族精神并不意味着养尊处优的生活，而是以荣誉、责任、勇气、自律等一系列价值为核心的高尚品格。

真正的贵族要做到独立、自制，这就意味着从生活到心理都不依赖别人，自己独立思考，问题由自己解决，而这种强大的精神力量需要从小培养。现在有相当一部分人所理解的贵族生活是住别墅、买宾利车、挥金如土，或者对人呼之即来，挥之即去。实际上，这不是贵族精神，这是暴发户精神。

香港中文大学校长沈祖尧曾经对他的学生赠言说：首先希望你们能俭朴生活。漫无止境追求奢华，远不如俭朴能带给你幸福和快乐。其次希望你们过高尚生活。公平待人，不可欺侮弱势的人，也不做损及他人或自己的事。其三，希望你们过谦卑生活。我们要有服务他人的谦卑心怀，时刻不忘为社会国家以至全人类出力。当我诵念你们的名字时，我默祷你们都能不负此生。

这段话同样也适合你们，我亲爱的孩子们，只要你们用心去观察，你会发现世界上最珍贵的东西都是免费的：阳光是免费的，有谁为自己享受阳光支付过一分钱？空气是免费的，一个人只要还活着，就需要新鲜的空气，从古到今，又有谁为这须臾不可缺少的东西埋过单？亲情是免费的，每一个孩子来到世上，都享受到了父母无微不至的呵护，那是一份深入血脉不求回报的疼爱。

还有信念、希望、意志、梦想、友谊……所有这一切，都是免费的，只要你想要，你就能得到。还有春风，还有细雨，还有皎洁的月华，还有灿烂的星辉……世间多少滋润心灵的美好事物，都是免费的啊！造物主早已把最珍贵的一切，免费地给予了我们每一个人。

孩子们，每个人都只是宇宙中的一粒尘埃，我们的价值观不能用金钱来衡量，而是要为人类社会的发展、进步做一点事情，不论多大。大也好，小也好，总之要看你这种工作能不能推进社会，而不是空的。

孩子们，当我们给别人送花时，闻到花香的首先是自己；当我们向别人扔脏东西时，先弄脏手的也肯定是自己。既然如此，为何不给人以温暖？当我们给予别人温暖时，自己得到的何尝不是一种深深的快乐？

（三）

孩子们，人生非常的奇妙。当你觉得自己长大了，其实你们真的还很小。而当你们觉得自己对世上大部分事都不了解时，可能你们才真正开始长大。

当你拥有青春的时候，就要感受它。不要虚掷你的黄金时代，不要去倾听枯燥乏味的东西，不要设法挽留无望的失败，不要把你的生命献给无知、平庸和低俗。这些都是我们时代病态的目标，虚假的理想。活着！把你宝贵的内在生命活出来。什么都别错过。

有这么一个故事：一个年轻人，抱怨自己怀才不遇，有位老人听了，把一粒沙子扔在沙滩上，说："请把它找回来。""这怎么可能！"接着老人又把一颗珍珠扔到沙滩上："那现在呢？"如果你只是沙滩上的一粒沙，你不能苛求别人注意你，认可你。如果要别人认可你，那你就想办法先让自己变成一颗珍珠。

所以我要求你们从小学会大处着眼、小处着手，当我看到你们擦干净黑板，你们设计的板报，你们把教室布置得井井有条，你们换上一桶纯净水，你们学习那么认真，经常到办公室向老师请教，你们为老师端上了一杯热水……我亲爱的孩子们，看到你们懂得事事为他人着想，我是多么的开心！

孩子，虽然你们来自富裕的家庭，但我希望你们不要小看每一分钱，自己去挣就知道它来之不易。当我们有钱的时候，不要拒绝帮助任何一个比我们困难的人，即使是伪装的乞丐——当他在乞讨的时候，已经具备了乞丐的心情。孩子，你要永远牢记：给比拿快乐。

传说中有一种伟大的鸟——凤凰，凤凰从来不知道什么叫阴影，因为它永远飞向太阳。当你面对阴影，你就看不到太阳；当你面对太阳，你就看不到阴影。亲爱的孩子，我希望你们是永远面朝太阳的人！

时光流逝得飞快，我将渐渐老去。对于我来说，最快乐的日子永远都是在学校，和你们在一起的时时刻刻。孩子，透过你纯净的目光，也许你会看到许多新奇，也许会遇到许多意想不到的困难。你要知道在你的身后，我永远是你坚强的后盾，你每迈出一步，我都会为你深深祝福——愿我的祝福，化作你人生旅途上绚烂的阳光，照耀你无限美好的前程！

                                    2012 年 12 月 13 日

第二辑 教育，无条件的爱

孩子的心

孩子是由一百组成的。孩子有一百种语言，一百只手，一百个念头、一百种思考问题的方式，还有一百种聆听，惊奇和爱慕的方式。一百种去探索、去发现的欢乐，一百种世界，去发掘，一百种世界，去梦想。孩子有一百种语言，一百、一百、再一百……

——马拉古奇《其实有一百》

有位家长曾向我求助，她的女儿已经十岁了，聪明可爱，成绩也好，属于不怎么让大人操心的那种孩子。但是有一件事情让大人犯了难：在妈妈眼里，孩子是个"瓷娃娃"。

比如在迪卡侬，孩子看到一个名叫"受气包"的商品，其实就是用来练习拳击用的，别的孩子看见了都会乐呵呵地打上几拳；女儿则心疼不已，跑过去抚摸它，问它痛不痛。直到确信"受气包"比拳头坚硬，不会受伤，女儿才放心地走开。

比如见不得妈妈扔东西。家里的旧衣服、旧玩具、旧书本、旧电器等等，时间长了，需要淘汰，这是再正常不过的事情；但对孩子来说，却无法接受。

有一床被褥用了多年，该换新的了，妈妈把旧被褥扔到外面的垃圾桶，孩子那时六岁，看见了这一幕，大哭着责怪妈妈："你怎么这么狠心？被褥为我们服务这么多年，你把它扔了，它在外面孤零零的多可怜啊……"

妈妈跟女儿讲道理，女儿不听，妈妈只好把旧被褥捡回来。

女儿长得快，个子高，有些衣服还没怎么穿就小了，有些玩具也该淘汰了，妈妈跟女儿商量："我们为这些物品找个新家吧，你看你已经用不着了，不如拿去送人，它们还可以继续发挥价值……这件衣服陪伴你两年了，它给了你温暖和保护，而且穿在你身上特别漂亮。可你会继续成长，而衣服不能成长变大，衣服能够为你做的已经做完了。让它去帮助另一个有需要的孩子长大，继续被欣赏、被宠爱，不好吗？你可以感谢它，告诉它你把它放在心里，每次回忆它你都很开心。你可以告诉它，我们为它做了安排，让它得到另一个孩子的爱护……"

女儿非常不高兴，一把拽到手里，可怜巴巴地央求妈妈不要送人："谁说我用不着？总有一天会用着，再说还有纪念价值……"

为了随顺孩子，妈妈很少扔东西，时间长了，家里就塞得满满当当。妈妈想，不能再这样下去了。在一个悠闲的周末，妈妈带着孩子一起清理抽屉、柜子、卧室、书房，一下清理出很多保存多年、又舍不得扔的旧物，妈妈引导孩子："你看，家里存储了多少没用的物品？如果舍不得扔，它会影响我们的生活……"

孩子不说什么，只是撅着嘴要哭的样子，妈妈试图给孩子讲道理，孩子则愤怒地说："你们大人就是这样！"

这样是哪样？妈妈猜测，大概是无情、无趣、无法理喻。

为了引导孩子，妈妈利用暑假带孩子去农村住了几天，然后不失时机地说："你看，用旧的东西只是我们压在箱底的负累，但对于生活在贫困地区的人来说，却能为他们带去温暖……"

孩子反应还是很激烈："你可以捐钱呀，可以去买新衣服捐给他们，就是不许捐旧的，旧东西有感情！"

妈妈又说："如果我们将来去美国生活，很多东西都带不走，连房子也带不走。"孩子则抢白："不行，我要发明一个切割机，把房子带走，我要把房子空运过去，安装在草坪上，要不然房子孤零零的多可怜呀，你说是不是？"

无奈，这位妈妈找到我，向我咨询有没有遇到过类似的孩子，这是一种什么心理。

我相信这个孩子身上蕴藏着巨大的、不可估量的潜力，她将来可能成为艺术家、作家、诗人。我们应该用孩子的眼光去看孩子、用孩子的思维去想孩子、用孩子的心灵去爱孩子，保持一颗童心，走进孩子的心灵世界。其实在小孩子早期的心理发展中，建立对某个地方、某种东西的熟悉感和归属感，是极为重要的。孩子幼年期的小玩具、小衣服，可以给她带来一种熟悉感和安全感。当她长大成人，一般不会再有类似的表现，但这种熟悉感、安全感和归属感，仍将贯穿她的一生。所以，如果孩子有着对某种东西的嗜好，家长不用太担心，更不要强迫孩子断掉这种依赖。

说起女儿的"糗事"，妈妈有点哭笑不得。女儿一两岁的时候，绝不能看见妈妈洗衣服，只要看见妈妈洗衣服，就会哭得昏天黑地。一家人都诧异万分，不知道什么原因，以后但凡洗衣服，只敢在女儿睡着的时候进行，生怕被她看见，哭得伤了身体。

孩子四五岁的时候，终于能接受妈妈洗衣服了，妈妈就跟孩子开玩笑说："你那时看见我洗衣服，一蹦三尺高！还记不记得？可不可以告诉妈妈，那是什么原因呢？"孩子天真羞涩地一笑，说："衣服多可怜，被你又搓又揉又拧，它不疼啊？"

妈妈说："傻孩子，衣服没有生命。"孩子则一本正经地说："你怎么知道它没有生命，你们大人总是这样！"

我告诉这位妈妈，其实不用紧张，很多孩子的心都非常敏锐、非常善良，这恰恰是非常难得的！我曾接触过一个五六岁的孩子，有一次，孩子跟妈妈去菜市场，卖活鱼的小贩一边吆喝，一边杀鱼，孩子看到后吓坏了，使劲拽着妈妈，哭着说："妈妈，我不吃鱼了！"看到街上的乞丐或拾荒的老人，孩子总会难受很久，她跟妈妈说，等她长大后，要开一间很大很大的学校，让穷苦的孩子都来这里读书，还要开一间很大很大的敬老院，让老人都能够开开心心住在这里……

我还接触过一名小学生，孩子读完《卖火柴的小女孩》，想哭又哭不出来，憋在心里，难受得不行。孩子跟班主任说，她想把卖火柴的小女孩接到家里同吃同住，说着说着，孩子就哭了，心疼卖火柴的小女孩大雪天还穿着拖鞋，气愤街上那辆可恶的汽车为什么开得飞快，害得她惊吓中跑丢了一只鞋子……

其实，我们总以为大人在教给孩子各种各样的道理，然而很多时候，孩子何尝不是在教给我们一些什么？当我们俯下身去，认真倾听孩子的声音，就会受到震撼：人之初，性本善！孩子柔软的心感染着我们，不仅教给我们什么是深情和珍惜，而且，他们还悄悄在指点着我们为父为母之道呢。

一位小朋友放学回家，发现心爱的小兔子找不见了，他急急喊妈妈："我的小兔子哪里去了？"妈妈赶忙拉住他，悄悄对他说："孩子，妈妈去串门，你的小兔子被你爸爸煮了吃了。"小朋友悲伤极了。他找来一个小碗，放了一些小米，点燃三炷香插在上面，为小兔子祈祷："可怜的小兔子，你葬身在爸爸肚子里了，我来给你上坟！"后来有人作了一幅漫画，名叫"小兔子的坟墓"。

在我看来，孩子的"特别"恰恰有着了不起的品质，她的内心之丰富、善良，仿佛一个童话世界，一般人可能难以理解。

古语说，仁者，仁义也。仁是古代一种含义极广的道德范畴，指人与人之间的相亲相爱、人与物之间的和谐相处。孔子把"仁"作为最高的道德原则、道德标准和道德境界。仁义，往往能使一个人的智慧得到开启，情操变得高尚，灵魂变得纯洁，胸怀更加宽阔。我相信，这个孩子长大后，一定会成为一个了不起的人。我们要欣赏的不仅是每个孩子的"优点"，而是每个孩子的"特点"，正是这些特点成就了各种不同领域的精英人才。

此外，我建议还是需要引导孩子、向孩子解释：世界上的任何事与物，都不可能永恒不变。一件心爱之物、一个亲爱的人、所有美好的事物，都有别离的一天。与那些美好的事物在一起的时候，应该好好地对待它，好好地享受它，珍惜与它在一起时的乐趣。在别离的时候，把那段美好留在心里，去体会、总结其中的意义，它们会帮助自己建立快乐成功的未来。

2014 年 3 月 25 日

家有"野蛮女儿"

我们小区里的一家三口挺有意思，夫妻俩性格直爽，尤其是妻子，眉粗眼大，心直口快。女儿剪个短发，喜欢在男孩堆里玩耍，记得这孩子在四五岁的时候，自行车、滑板车玩得呼呼生风，的确像个假小子。

女儿喜欢跆拳道，常在学校"惹是生非"。现在已经六年级了，前几天骑车撞人，把她们班一男生撞倒摔骨折了。夫妻俩大伤脑筋，就跟我约了时间，到我家来"取经"。

刚刚一坐下来，妻子就指责丈夫："这个缺心眼儿的，上幼儿园就教女儿搏击术，要求孩子每天做仰卧起坐，下腰，出拳练习，而且每拳必须做到位，打不到位不算。为训练女儿，他自己甘当活体沙袋，有这么当爹的吗？校长您要不信，您问问他！先是让孩子踢他肚子，后来又让孩子踢他腿，身上被孩子踢紫了好多块儿……"

丈夫自豪地一笑："那不是担心孩子在外头受欺负吗？还别说，我女儿的胆量、力量都长进了。"

妻子说："现在不是担心孩子受欺负，是担心她出手伤人。校长您说说，把人家撞骨折了，赔偿几千块是小事，关键要豁出去这张老脸作揖、给人赔不是……"

我表示理解，并建议他们，在大人调解了之后，可以让孩子自己去处理并承担后果，让孩子多去照顾被撞骨折的同学，负责给他打饭、补课。以后，但凡孩子做出错误行为，家长不要当着孩子的面采取补救措施，而是让孩子自己负责，当孩子尝到"苦果"之后，会加深她的情感体验，自然而然也就达到了教育的目的。孩子的一些细小的不良行为，如赖床、作业拖拉等，先要和孩子讲清道理，要让她预见到自己行为的可能后果，并对此负责。这一招既管用，又不会让孩子产生逆反心理、抱怨大人太唠叨。

记得有一次，我的大儿子可能嫌棉衣臃肿，在大冬天打算穿春装夹克去上学，一家人怎么劝说都不管用，最后我点头答应了他。可想而知，儿子在那一天冻得哆哆嗦嗦，该有多么难受。从此以后，他凡事都会三思而后行，自己为自己的行为埋单。

有些家长往往认为孩子太小，不要过多要求，结果就使得孩子缺少自律的意识，这不怪孩子，因为家长从没有要求孩子去做什么，很多应该是孩子们自己做的事，都由家长代劳了。

让孩子学会与外界友好地接触，这也是很重要的一种能力，随着孩子一天一天长大，他们和别人怎么相处？他们理应把事做到什么程度，如果做过头了，会发生什么？他们确实需要指导，需要用一些方法来衡量自己不断增长的技巧和能力；但不是代替。

陶行知说过，要把教育和知识变成空气一样，弥漫于宇宙。我问这对夫妻，"你们家弥漫着什么样的空气？"

望子成龙，这是每个家庭对孩子最大的愿望，但这不是件容易的事。书香家庭的孩子更容易成才，这绝对是个常理。在一个孩子的成长过程中，什么东西最能影响到他的一生？环境丰富与贫乏，学校的优劣，交友的善恶，这些都有一定的影响，但最直接、影响最大的是：这个家是不是到处都有书。一个孩子如果在一个四面有书的家庭环境里长大，他多半会成才。

夫妻俩点头说是。

我又问："你们周末常带孩子去哪儿？喜欢去书店吗？"一本好书有时能改变一个人的人生轨迹。培养孩子对书籍的兴趣，就等于交给了孩子一把打开智慧的钥匙，这是父母能给孩子的一份最好的礼物。

每次有家长来找我，我都会建议他们，多带孩子逛逛书店，只要持之以恒，定能受益匪浅。近朱者赤，近墨者黑，什么样的环境造就什么样的人。有些家庭甚至从来没有一起去过书店，这真的非常遗憾，书店绝对是值得每个人一去再去的美好地方。作为父母，一定要想办法营造书香家庭，一定要想办法让孩子爱上书店。通往知识殿堂的这一扇大门，一定要为孩子开着。

最后，我建议这对夫妻读读"六尺巷"的故事，还建议他们，如果假期有空，一家人可以去旅游，到六尺巷去看看。在安徽桐城市的西南角，有一条全长约100米、宽2米的巷道，当地人称为"六尺巷"，也有人称"仁义巷"，它的得名有一段启人思考的故事。

清代文学家张英是安徽桐城人，历任兵部侍郎、工部尚书、翰林院学士、礼部尚书等职。张英老家的宅子旁有一条三尺宽的巷道，邻居吴家盖房时占用了。家人气愤不过，就托人给张英捎去一封信，请他出面解决此事。张英接到信后给家人写了一封回信：千里修书只为墙，让他三尺又何妨？万里长城今犹在，不见当年秦始皇。

家人看了回信后，觉得张英的话有道理，于是主动把院墙向后撤了三尺。邻居得知此事后，深受感动，也把自家的院墙向后撤了三尺。这样，张吴两家之间就形成了一条"六尺巷"。

张英的行为正应了那句古话：宰相肚里能撑船。恰是张相的显赫地位，这桩纠纷才引起人们格外的关注。简简单单的几句诗，四两拨千斤，化解了原本剑拔弩张的邻里矛盾，为时人亦为后人作出了谦逊礼让、与人为善的绝好榜样。三个多世纪过去了，虽然张英早已高卧于桐城的龙眼山中，但六尺巷依然在城市的一角，静观着岁月的流逝与人间的沧桑。

到六尺巷走一走，了解一下当年发生在这片土地上的纷争，重读一回宰相的打油诗，体会智者洞穿人生、体察世事的落拓襟怀，别有一番感受。世间总有矛盾，牙齿和舌头还会打架，何况孩子与孩子之间相处呢？心胸宽广、恭谦礼让的人无论在何时都是受人尊敬的。尤其在今天，提倡这种美德，让孩子们学会相处，似乎更有必要。

2014 年 3 月 21 日

一样的天使

有一件事情过去很久了，但它常常浮现在我的脑海，总觉得还想说点什么，不吐不快。

大约在两个月前，我召开了一次"特别"的家长会，之所以说特别，是因为我把每个班级落后生的家长全请来了。说难听点，就是倒数第一名小孩的家长齐聚一堂，大家坐在一起反思问题，想办法怎么帮助我们的孩子。有的家长头都抬不起来，有的气咻咻的，一张脸红得像关公，随时准备找我或学校的茬。

天下父母无不望子成龙、望女成凤，都期盼自己的子女将来成为杰出人士，成为精英人才。面对落后生的父母们，我也觉得非常抱歉，我的心情跟大家一样急迫，有千言万语要说。

教育是心心相印的活动，唯独从心里发出来，才能进入心灵深处。比如有个孩子，父母离异，每到周末，别的孩子高高兴兴回家，只有他愁云密布，不知道回爸爸家还是回妈妈家，爸爸家有后妈，妈妈家有后爸。当然，如果关系处理得好，那又另当别论。

一个七岁女孩对妈妈说："看到你和爸爸相爱，我感到很幸福，因为我有安全感了。"安全感是孩子的最基本需求，在感到安全的基础上，孩子才有可能用心学习、健康、快乐。对孩子最好的教育不是参加各种各样的特长班，而是夫妻彼此相爱，创建一个温暖的家庭环境。每天，在孩子的内心留下父母相亲相爱、互相谅解的美好画面，留下父母努力工作、互相促进的生动印象，留下父母带着乐趣工作的幸福场景，留下父母看书学习的安静定格……等到有一天，我们的孩子长大了，要离开家走自己的人生道路了，在他的记忆里，已经储存了足够丰富的美好画面。

吸引孩子热爱学习、引导孩子学会学习，这是学校，也是父母的重要职责。对很多父母来说，家有"熊孩子"简直就是一场噩梦，令人挫败、暴怒，想不出除了打骂，还有什么办法能奏效。但教育"熊孩子"，绝不是靠打骂可以奏效的，也不仅仅是讲道理、传授知识、开发孩子的智力，而更是用自己的精神力量去温暖、滋润孩子的心灵。父母有一颗平静的内心，才有可能吸收对教育的理性思考，沉淀为自己的一种状态，这时对孩子的教育思路才会变得清晰。

要知道落后生本来就很压抑，大家可以来学校听听课，观察一下落后生的表现：坐在教室里听不懂，当别的同学与老师兴趣十足地互动时，成绩不好的孩子一脸茫然地呆呆坐着，一天坐下来就像受罪；何况还有考试，孩子能不自卑吗？

父母若感觉孩子情绪抑郁，应该帮助他，让孩子把悲伤受挫的感受说出来，要认真倾听他们的声音，不要对他说出来的想法和感觉作评价或贬低轻视。相信孩子能承担责任，他就会努力去承担；相信他是个好孩子，他就会努力去做父母想要他做的事；认为他能保护家人、能帮助他人，他就自诩是英雄；认为孩子还小，什么事都不会做，孩子当然也会自认自己什么事也不必做。认为他成事不足，他自然败事有余。沟往哪里挖，水就向哪里流，这是自然的事。

当然，教育是个潜移默化的过程，教育的核心在于对人的塑造，教育的本质是让学生健康、正常地成长，学校并不是只认分数，只看重成绩。我记得龙应台曾经写过这么一段话："孩子，我要你读书用功，不是要你跟别人比成绩，而是因为，我希望你将来会拥有选择的权利，选择有意义、有时间的工作，而不是被迫谋生。当你的工作在你心中有意义，你就有成就感。当你的工作给你时间，不剥夺你的生活，你就有尊严。成就感和尊严，给你快乐。"

作为学校来说，教育和教学最重要的任务就是让孩子们把读书、学习作为最大的享受。如果我们培养出的孩子酷爱读书，他将受益终生，他不会在闲暇时因无所事事而苦恼，更不会追求无谓的消遣。一个人的精神需求是不能靠别人来满足的，只有靠自己去创造，才有个人富足的精神生活。

说起落后生，我的思绪不禁回到二十多年前，我当班主任的时候。那时在县里最好的一所中学任教，那还是"千军万马过独木桥"的年代，条件跟现在简直没法比，人们说那所中学是大学生的摇篮，能考进这所中学，意味着一条腿已经迈进了大学。

在我的班里，有个落后生，他主要是偏科，数学不理想，语文、英语还可以：同学们相处其实很微妙，无形中，大家都喜欢跟班长、学习委员在一起，有时分组讨论，没有人乐意跟他一组。

我常常有意识地在班里表扬他："古代斯巴达社会，人们大都讨厌算术，认为学算术就是想赚钱，很可耻。如果你精通算术，在那里一定觉得自己很失败。一流的头脑，都在研究哲学、宗教。换成现在，算术好绝对被当优点了。世界很大，成功的定义有很多种，别轻易觉得自己不行。很可能，你只是还没找到对数学的感觉而已。"

他低着头，什么都没说，但人与人之间心意是相通的，我相信他感受到了老师的心意。私下里沟通时，我却对他很严格："当然，你完全可以活在自己的精神世界里，你也可以说，不应该为别人的看法而担忧，不在乎别人的赞许，才会活得自由。但那是在达到很高的层面之上，才有资格说的话。狮子会在意羚羊说什么吗？但前提是你得让自己成为狮子。"

他低头沉默，但我能感觉到，他的心在向我靠近。

我在班里跟同学们讲：钱锺书是大家，当年进清华的数学成绩不过 15 分，按照清华大学的招生规定，只要有一门课程不及格，就不予录取。他的数学考得这么差，应当说是一点儿希望都没有了。可是他的国文和英文成绩都是满分，当时的校长罗家伦看到钱锺书的英文、中文成绩俱佳，高出一般考生一大截，就决定打破常规，破格录取。正是罗家伦的这一次破例，成就了学贯中西的一代学者。谁能断定某某将来不会成为钱钟书这样的大家呢？而且还能造就一位罗家伦这样的校长，成就一段佳话。

那时，我比学生大不了几岁，看着他们，就像看着我的弟弟妹妹，有种恨不得把心掏出来给他们的感觉。私下里，我跟他说："钱锺书数学差，物理烂，化学没学过，生物只认识达尔文，搁到今天大专都考不上。你要实在不喜欢哪门课也行，能不能先考上大学再说？决定你命运的，往往就是这块短板。等考上大学了，我跟你一起把数学书烧掉。"

慢慢的，我们成了好朋友，而且同学们都知道，班里倒数第一名是我的朋友，无形中，没有同学会看不起他。有一次数学考试，他虽然有进步，但还是没及格。当我走进教室时，看到他低着头、羞愧万分的样子，我走到他面前，什么都没有说，只是像好哥们儿那样，非常理解他、体谅他，拍了拍他的肩膀。

我并没有料到，从此，他像变了一个人，仿佛身体里潜藏的巨大能量被激发了出来，当然顺利地考上了大学。后来，另外一名学生告诉我，某某说，就在老师拍他肩膀的时候，他感觉自己心都碎了……他痛下决心，非攻下数学不可！

好像扯远了，话题回到我们的家长会。

作为父母，爱孩子是我们的天性，但是有意识地爱孩子是培养孩子最重要的前提，当一个人被无条件地爱着的时候，他的自信心就会大增，他会尊重自己、尊重别人。在他的心灵中会感受到自我价值的产生，即自我价值开始萌芽。无条件地爱着孩子，还是培养孩子安全感和勇气的最重要的方法。

孩子的学习不仅仅是大脑的问题，更重要的是心灵的问题，我们要去温暖孩子的心灵，激发孩子的学习兴趣和潜能。人如果没有了学习的热情，再聪明的大脑又能怎么样？因此，家庭教育所要做的事情不多，就是点亮自己，站在孩子生命的前方就足够了。

当然，我们并不是要求父母一定要做到完美，每个父母都有自己的习惯、个性，这不影响和孩子之间的尊重和相爱。如果爸爸是工作狂，只要他足够爱孩子，妈妈也鼓励孩子接纳这样的爸爸，孩子会获得这种感觉：爸爸为了撑起家庭，非常不容易，虽然没多少时间陪我，我依然深爱着他，为他自豪。孩子因此而接纳，而获得灵活的人际关系，懂得包容、体谅。关键是给孩子这种底气，无论父母如何，对孩子的爱永远都在，永远不变。

曾经听过这样一个笑话，有个孩子问："什么是垃圾？"妈妈回答："垃圾就是没用的东西。"孩子又问："爸爸也是垃圾吗?"妈妈回答:"傻孩子，你爸怎么是垃圾呢?"孩子说:"你不是总骂爸爸是没用的东西吗?"

奥巴马的父亲抛妻弃子，奥巴马的母亲靠救济金独自养活儿子，但母亲并没对儿子说，你爸是个垃圾，这个天杀的毁了我一生……相反，母亲一直告诉儿子，他的爸爸是非洲王子，才华出众等等。母亲鼓励儿子认同父亲，母亲的教导，使奥巴马成就了他非凡的一生。

类似这样的事例非常多，莫泊桑并没有一个和睦的家庭，他的父母感情不和，在他出生之后不久，父母就分居了。莫泊桑跟着母亲生活，母亲对他抱有很高的期望，亲自教他读拉丁文，启发鼓励他写诗。但是，仅仅靠自己教育儿子是远远不够的，于是，母亲开始到处打听，给儿子寻找一个好老师。后来，在福楼拜的严格要求和精心指点之下，莫泊桑成功地走上了文学之路。

福楼拜和莫泊桑的师生之谊，是世界文坛上的一段佳话，可是又有多少人知道这背后隐含着一位母亲的良苦用心呢。后来，莫泊桑说过感人至深的一句话：人世间最美丽的情景出现在当我们怀念母亲的时候。

当然，不是所有的好习惯都是父母给的，也不是所有的坏习惯都是因为父母教育不当，要不为什么同一父母的孩子也可能有天壤之别？面对落后的孩子，我也希望我们的教师们，应该守护好每一个孩子的心灵，应该关注到教室里的每一个角落，特别是关注被父母放弃的孩子。因为，教师的心灵词典里，没有"放弃"一词。我们要做好进展缓慢的准备，做好长期不见效的准备，没有办法，因为他是我们的孩子，他是一样的天使。

当我们用"比较法"看孩子，我们会越看越黑暗，用"发现法"看孩子，越看闪光点越多。我们应该告诉孩子，学习是一辈子的事，培养孩子读书的兴趣；让孩子做自己力所能及的事情，让孩子干自己喜爱的事情；关注孩子情绪变化，认真倾听孩子每一句话。

对孩子说出一句批评的话很容易，但问题是批评之后能得到多少效果？说出一句赞美的话也很容易，往往能激起孩子的士气，同时也让孩子更容易接纳我们的说法。从现在开始，我们都应该学会赞美孩子。

2014 年 1 月 16 日

相遇不是用来生气的

　　除了做校长，我觉得自己还有一个身份，那就是孩子们的代言人。不是代言产品，而是代言思想。熟悉我的人都知道，我就像个大男孩，永远都有一颗不老的童心，容易说出孩子们想说却说不出的真话。

　　有时候，我的话很"难听"，嗖嗖如飞刀一般戳中成人们的短处，让那些扮演正确化身的家长们现出原形。谁都是从小孩时代过来的，为什么不多为孩子们想想呢？很多孩子不敢说，他们大多是在夜深人静时，自己委屈、自己难过，自己担惊受怕，面对星空，泪流满面。我在这里一定要替孩子们发出呐喊——我知道我不是一个完美的小孩，可你们是完美的父母吗？如果你们不够完美，又凭什么要求别人完美？

　　如果你们觉得小孩很闷，不爱说话，没什么朋友，不乖，甚至很怪，那么造成这样的原因是不是家庭不和谐？父母是不是经常吵架？比如离异、家暴这种家庭环境下的孩子，如果乐观、积极、开朗那才真是奇了怪了。尽管不幸的小孩各有各的不幸，但无一例外都有大人的影子。

如果孩子喜欢抱怨，是不是因为家长总是挑剔他？如果孩子不够善良，是不是因为家长缺少同情心？如果孩子胆小、羞怯，是不是因为他经常被嘲弄、辱骂？如果孩子不肯说心里话，是不是因为家长喜欢翻旧账？如果孩子自卑，是不是因为家长对孩子失望，不能耐心鼓励？如果孩子嫉妒、敏感、怕受伤，是不是因为他的家庭没有宽容和温暖？如果孩子不喜欢自己，是不是因为家长对他缺少接纳、认可和尊重？如果孩子不懂父母的苦心，是不是家长没有教会他理解别人？如果孩子退缩、逃避，是不是因为遭到了家长的轻视和打击？如果孩子懒惰和依赖，是不是因为家长替孩子做的事和决定太多？

我有位朋友，也是做教育的，她曾说过这样的话："我从不跟学生发火。因为我教的都是孩子，孩子本来就是不懂事的，本来就是调皮的，他们犯错不是家常便饭吗？如果我对一个不懂事的孩子发火，是我——老师无能的表现。"所以她从教几十年，没有和学生发过一次火，这一点值得我们所有的老师和家长学习。

教育孩子，我们必须认识到：孩子就是在不断犯错误中成长的学习主体；不犯错误的孩子是不存在的。任何错误，都是指引孩子成长的机会；我们要做的事情，就是面对孩子的各种错误，帮助他们去正确认识并即时改正。

因此，当孩子有错误时，切忌深恶痛绝、气急败坏，而是要从容接受，理性面对，睿智处理。喜欢好孩子，是家长的天性；喜欢好学生，是教师的天性。但是学生犯了错误的时候，才是最需要宽容的时候，才是最需要老师、家长智慧引导的时候。没有宽容，就没有成长过程中的快乐和幸福。

很多人说我显年轻，问我怎么保养的，我觉得保持心情愉快、少生气很重要。好心情是可以传递的，有了好心情，就能笑对生活，就能爱每一个学生。即使当了校长，我还是如同以前那样喜欢给学生上课，只要有机会，我就会在演播厅借助举办活动之机给全体学生上一课。在教学过程中，引领学生学得更多的知识，懂得更多的道理，不仅开发学生的智力，而且还促进学生在各方面得到成长，如此教师的幸福感就会油然而生，而这种幸福感是任何东西都无法代替的。

如果我们既不愉快，也不平和，我们就不能与其他人分享这些，即使是我们深爱的孩子，我们的家人。如果我们既平和又愉快，我们的生命就会像花一样绽放，家庭中、社会上的每个人，都将得到我们生命的润泽。

一份好心情，是人生唯一不会流失的财富。愿我们的慷慨像海一样浩渺，我们的爱也像海一样深沉，我们给予孩子的越多，我们自己也越富有。

最后，分享卡里尔·纪伯伦的一首诗，《先知》第四章：

　　你们的孩子，都不是你们的孩子。

　　乃是生命为自己所渴望的儿女。

　　他们是借你们而来，却不是从你们而来，

　　他们虽和你们同在，却不属于你们。

　　你们可以给他们以爱，却不可给他们以思想。

　　因为他们有自己的思想。

　　你们可以荫庇他们的身体，却不能荫蔽他们的灵魂。

　　因为他们的灵魂，是住在明日的宅中，那是你们在梦中也不能想见的。

　　你们可以努力去模仿他们，却不能使他们来像你们。

　　因为生命是不倒行的，也不与昨日一同停留。

　　你们是弓，你们的孩子是从弦上发出的生命的箭矢。

　　那射者在无穷之间看定了目标，也用神力将你们引满，使他的箭矢迅速而遥远地射了出来。

　　让你们在射者手中的弯曲成为喜乐吧。

　　因为他爱那飞出的箭，也爱了那静止的弓。

2013 年 5 月 10 日

致家长的一封信

尊敬的家长朋友：

感谢您长期以来对王府外国语学校的支持与厚爱，感谢您对学校及教师的信任，请相信您的孩子正在这里度过开心充实的每一天！

教育如果没有情感，没有爱，如同池塘没有水一样。我们践行"一切为了孩子，为了孩子的一切"的工作格言，认真履行职责，坚持原则，无私奉献。今年是学校优化管理、丰富内涵、提升质量、实现可持续发展的关键一年。新学年，我校仍将以"爱的教育"为工作指导思想，全校教职员工正进一步努力做好各项工作，力求在师资队伍建设、德育、教学、生活管理等各方面再上一个新的台阶。相信在我们共同的努力下，整个校园会更加秩序井然，学风浓郁，昂扬奋进，呈现出一片文明健康、积极向上的蓬勃生机。

私立学校，家长对教师的要求更多甚至更高。家长与教师一样都是孩子健康成长的引路人，都肩负着教育好孩子的重任。

学校与家长加强联系，目的是共同的，我们共同探讨对孩子的最佳教育方法，才能达成共识，事半功倍。

为了更好地把您的孩子教育好、管理好，我们将有效地拓宽与您交流、沟通的渠道，我们也将以真诚的态度、务实的作风和创新的精神进一步改进我们的工作，现将几点报告如下：

（一）本学期以来，我们不断推进素质教育，促进学生全面健康发展，注重学生个性特长的挖掘和培养，举办各具特色的活动，给学生创造自由发展的空间和机会，丰富学生的课外活动，比如举行演讲比赛、英语短剧表演比赛、英语歌曲歌谣比赛，摄影比赛，读书比赛、圣诞新年联欢等活动，让每位学生都有机会展示自我、发展自我。我们的孩子要通过活动来教育，依靠说教是很没有力量的，下学期，我们还将开展一系列丰富有趣的活动，让我们的孩子在愉快生活的同时，不知不觉中受到教育。

（二）在科技与信息迅速发展的今天，国际化已经成为教育发展的一种全球性趋势，王府外国语学校要凸显国际化的办学理念，但我们所要做的，不仅仅只是掌握英语，学习西方文明。一个对本民族的历史与文化知之甚少的人，在精神上便缺乏一种归属感；一个对自己的传统不懂得发扬的民族，便无法自强于世界民族之林。无论个人或是国家，其财富的多寡，都不是能否赢得别人尊重的标准，其标准恰恰在于自身的文化底蕴。

中国传统文化历经上下五千年的积淀，可谓源远流长。随着大国崛起步伐的加速，也为契合中西合璧的办学方针，学校正在搭建学习中国优秀传统文化的平台。我们要以传统文化促中西合璧，以民族魂魄育国际新人，培养真正具有深厚中国文化底蕴和全球化视野的国际人才。下学期，学校会适当增加传统文化课程，拟定每周增加两节国学经典课。以中国文化底蕴作为自己的根基，在此基础上学习西方文明。

（三）为适应学校发展的需要，给孩子们提供更多学习锻炼的平台，满足家长朋友通过网络了解孩子学习生活情况的需求，经过几个月的筹备，我们更新了网站，此次改版涉及网站各分类页面的调整和优化。

新网站凸显国际化风格，版面设计清新明快，网站架构简单明了，能让家长朋友们快速高效地查到信息位置，清晰地了解到学校的最新动态、思想、文化等每一个环节。此外，网站还将以中英文双语规范，增强快速、高效传播，旨在推进学校国际化进程，塑造学校良好的国际形象。

网址是 http：//www.bjroyalkids.cn，欢迎浏览。

我们并不仅仅看重孩子的成功，而是更关注孩子的每一个进步和成长；我们并不仅仅重视成绩，而是更重视关心孩子内心的快乐。孩子们的学习、生活，成长的精彩瞬间，点点滴滴都将在我们的新网站上得到体现。校长的办学理念、教师的教育方法等等，家长朋友们点击网页随时都能了解。此外，每次家长会也是我们工作的重中之重，各班要统计参会的具体人数，到时候在我们的网站公布，家长对老师的评价，学生对老师的评价满意率是多少，都将发到我们的网站，并于期末计入对老师的考核。

在王府外国语学校，老师的压力永远都是最大的，压力来自于我们承担着神圣的使命和责任。每天看着班上活泼可爱的孩子们，我们常常深思：如何做得好些、再好些，才无愧于孩子们纯洁的、天真无邪的笑脸呢？陶行知先生曾经说过："你的教鞭下有瓦特，你的冷眼中有牛顿，你的讥笑里有爱迪生。"

在王府外国语学校，我们奉行"润物细无声"的无为教育，教师应亲身垂范，教师应用心倾听，教师应宽容、尊重与理解，教师应智慧激励，教师应有效引导学生亲历体验，教师应从细节入手身体力行。就像一棵树摇动一棵树，一朵云推动一朵云，一个灵魂唤醒一个灵魂……

在我们的努力下，学校正在发生着可喜的变化，工作意味着不停地改进，这样才有学校的特色，才能让我们的孩子受到最大的益处。

此外，在物质条件相对富足的今天，建议家长给孩子一片自由的空间，一个丰富的精神世界。尤其在这个寒假，孩子们终于有时间轻松下来，一定要让孩子们享有美好的假期生活。

很多时候，我们忙忙碌碌，唯独忘记了认真审视自己的灵魂。曾子曰"吾日三省吾身"，我们的孩子是否也该多一些时间与自己相处，聆听自己的心音，检视自己的灵魂，认识自己、发现自己、完善自己呢？

西方哲学的最高名言就是：认识你自己。也许，孩子们狂热追求的，并非他真正想要的，只是迁就了别人或社会，静下来，才能听见自己的内心。

我们在学校营造"书香校园"的同时，也请家长尝试一下营造"书香家庭"，孩子今天少读一页书看不出什么变化，明天少读一页书也看不出什么变化，可是一天天过去，日积月累，孩子们的差距就慢慢拉开了。教育是一件缓慢而美丽的事业，我有足够的耐心和信心，希望您更是如此。

朱熹家训中说：君之所贵者，仁也。臣之所贵者，忠也。父之所贵者，慈也。子之所贵者，孝也。兄之所贵者，友也。弟之所贵者，恭也。夫之所贵者，和也。妇之所贵者，柔也。事师长贵乎礼也，交朋友贵乎信也。见老者，敬之；见幼者，爱之。有德者，年虽下于我，我必尊之；不肖者，年虽高于我，我必远之。

祝愿每个家庭父慈子孝，祝愿每个孩子都享有幸福的家，寒假期间，希望孩子们放飞自己的梦想，积极乐观地生活和学习。上天从来没有规定孩子们此生将是什么样的，因此父母最好也不要规定：你要这样，不能那样。一切万物都没有规定孩子们能做什么、不能做什么，必须是什么样的人、不能是什么样的人。上天把一切的主动权交给了孩子自己，他从不控制，从不决定，他让每个人自己决定自己的梦想，然后慈悲而无私地帮助每个人，成就每个人。

作为校长，我希望孩子们把美好而坚定的信念传播给那些迷茫的人，让他们也因此觉醒！把喜悦带给那些苦难的人，让他们因此幸福！把智慧和真理带给那些黑暗中的人，让他们重见光明！这就是我们努力学习、成长、吃苦和忍受的动力！

人，空手而来，空手而回，一切都是世界的恩赐。这些恩赐没有一样是坏的，我们该感恩。感恩痛苦让我们觉醒，感恩失败让我们接近了真理，感恩失去让我们懂得了珍惜，感恩生命给予我们能量，感恩成功让我们感受了幸福。

"少年智则国智，少年富则国富；少年强则国强，少年独立则国独立；少年自由则国自由，少年进步则国进步……"

我在这里怀揣感恩，写下对家长们最真诚的祝福！相遇、相知、相助，皆因有缘；感念、感谢、感恩，尽存于心。让我们携手步入 2013 年，在新的一年里，我们全体师生将向着更高的目标飞翔，演绎更加辉煌的新学年。

寒假从 2013 年 1 月 18 日开始至 2013 年 2 月 24 日结束，2月 24 日下午 16：00 返校（含走读），到校报到注册，领取学习用品，参加开学前各项准备工作，25 日正式上课。

假期较长，请注意孩子的安全，请安排好时间，务必保证学生按时返校。

祝您在新的一年里：阖家幸福，万事如意！

此致

敬礼

张洪亮

2013 年 1 月 18 日

一所学校的气质

或许是职业和经历的关系，我一直深深关注着教育，无法割舍这份情怀。我常常思考，什么是好的教育？在中国这片看似繁荣实则贫瘠的土地上，什么样的教育方式最适合孩子的身心健康？

我们今天所处的时代，整个社会受到功利主义的冲击，许多学校正在沦为培训机构、技校、职高，教育的技术化、产业化，让很多人不再关心生活的意义、不再追求精神的高度，仿佛经济上的成功就是教育的成功，经济上的成功已经涵盖了成功的所有意义。

在 20 世纪 30 年代，陶行知先生创办了育才学校，在陶先生的人格魅力感召下，郭沫若、夏衍、翦伯赞、何其芳、田汉、吴玉章、艾青、贺绿汀、戴爱莲……一大批文学家、音乐家、历史学家、舞蹈家、教育家先后来校任教、讲学，他们高尚的人格、精湛的技艺、丰厚的学识，使育才学校成为全国名声最响的中学之一，也创造了中国教育史上最辉煌的一段历史。

直到今天，当我回味这段历史，我仿佛看到了这所名校上空闪耀着的神圣光芒，这道光芒必将照亮学生的心田，使他们终其一生都能够乐于追求智慧、美德，并向着既定的目标不断前进，不断超越。

学校不同于工厂、医院、商场等其他任何一个组织，学校从事的是"教育"的活动，不能生产相同规格的部件，这种"精神生产"只能在特定的文化氛围中熏陶而成。正如印度诗人泰戈尔所说：不是锤的打击，而是水的载歌载舞，才使鹅卵石臻至完美。

我们王府外国语学校要办成一所什么样的学校？这也是我操心最多，为之呕心沥血的问题。

自古以来，精神世界的自由永远是人类的追求，终极的至善永远是人类最高的理想。作为校长，我希望我们培养的是"健全"的精英，我们的孩子们——他们有自由独立的思想、天马行空的创意、逆境拼搏的意志、推动社会进步的精神，有着蓬勃的生命力……

黑格尔讲过这样一个观点：一个民族有一些关注天空的人，他们才有希望；一个民族只是关心脚下的事情，注定没有未来。

平时，工作稍微有点空闲，我浏览最多的是伊顿公学的网页。六百年来，伊顿一直是最著名的贵族学校，英国贵族的孩子最希望进入伊顿公学。伊顿公学不是教学生打高尔夫球的地方——那里没有高尔夫球场，也没有热门的 MBA、金融等等这些实用知识，那里的学生在学今天看来"没有用"的知识，比如拉丁文，比如各种宗教、人文经典，六百年来一直是这样。

贵族学校学的不是有用的知识，而是博雅之学。中国古代的儒家，孔夫子办私学，朱熹办书院，教的也是类似的士大夫之学。我们王府外国语要办什么样的学校？我们要培养什么样的人才？在宁静的夜里，万籁俱寂，我常常坐在办公室独自追问。

比如伊顿公学的学生总是表现出一种绅士风度，而哈佛大学的学生毕业多年还带着哈佛口音，这是在一所学校"浸润"了若干年后留下的深深烙印。剑桥的气质是浪漫，牛津的气质是古典，一所成功的学校是有着独特气质的，正如一个优雅的人，气质能在他的言谈举止间不经意地流露出来。学校的气质也一样，它同样能让接触学校、了解学校的人感受其独特的魅力。

而学校的"气质"，是学校作为教育场所必备的风格特征和办学特色。在学校的发展与建设上，我们应该清醒：一个学校的辉煌与气质不在于它有多少高楼，有多少可以炫耀的设施，而在于它有没有让人称道的文化，能否用自己的文化主题去丰富学校的内涵，让师生们在这所学校和谐地、诗意地生活与成长。

记得二十多年前，我还在求学阶段，现在回想起来，所学的知识大多忘记。唯有每学年举办的校园文化交流活动等，至今还历历在目，这可能就是校园文化的教育吧。它是学校在长期的办学过程中所形成的一种内在文化氛围，是学校从整体上所体现出来的一种精神风貌。

在王府外国语学校，我希望通过课余文化活动、校园文化环境、校园精神风貌等对学生进行教育熏陶，这些方法与课堂教育共同组成学校教育的完整体系，必将凝聚成一种无法量化、无法取代的精神气质。它弥漫在校园之中，对师生有着潜移默化的价值导向作用，能给师生以无形的激励。

学校有一个什么样的气氛非常重要，不久前有两张照片在网上迅速传播，美国哈佛大学图书馆凌晨 4 点多，灯火通明，座无虚席……学生已经开始学习了，这就是一种非常好的校园气氛。

在王府外国语学校，我们还要加大力度去创造一个好的校园气氛，目前初步看到一些成果：只见校服，不见华服，只见朝气，不见化妆，更没有学生晃里晃荡，只有踏实的脚步，坚实地写下人生的篇章。

每天早晨上学，老师必须提早几分钟站在教室门口，迎候同学一个个进来。每天晚上放学，老师要和每个学生说一声再见。学校教育是人的教育，是关照生命的教育，所以第一要务是小心翼翼地去呵护童真、童趣，让孩子活得像个孩子。

此外，我们不断推进素质教育，促进学生全面健康发展，注重学生个性特长的挖掘和培养，每学期坚持举办各具特色的活动，给学生创造自由发展的空间和机会，丰富学生的课外活动，比如举行学生演讲比赛、英语短剧表演比赛、英语歌曲歌谣比赛、摄影比赛、读书比赛、圣诞新年联欢等活动……

在科技与信息迅速发展的今天，国际化已经成为教育发展的一种全球性趋势，我们外国语要凸显国际化的办学理念，那就是面向全体的全民教育，全面发展的素质教育，突出个性的创新教育，贯穿一生的终身教育。

1861 年，伊顿公学当时的校长威廉·约翰逊·科里曾经对学生们说："进一所好学校，最需要学到的不是知识，而是艺术和习惯：专心致志的习惯；表达意见的艺术，表示在一瞬间注意到一项新的学术动向的艺术；迅速了解他人思想的艺术；对待非难和反对的艺术；有分寸的语言表达同意或不同意的艺术；重视细微差别的习惯；准时完成工作的习惯，以及要学会判断，学会鉴别，增强精神上的勇敢无畏并保持头脑清醒。"

这段话给了我很多启示，一个人在学校里学到的知识，绝大部分都不会被直接运用，并且会被逐渐淡忘，而真正最有效、最持久地作用于这个人的，正是在学校中体验到的那些"艺术和习惯"。一所学校要蕴涵这些"艺术和习惯"，并以这些"艺术和习惯"最大限度地影响学生，影响学生的行为，直至毅力品质。这些"艺术和习惯"，其实就是学校的文化。

学校是理想孕育的场所，它给予学生的不应该只是一个分数或一种技术，更重要的是为人们所羡慕的是一种气质。学生选择了一所学校，就选择了一种气质，而这种气质往往会渗入学生的生命，影响学生的一生。

对于一所年轻的学校，没有那种办学历史悠久、文化积淀深厚的学校所具有的文化怎么办？我想，没有历史不等于没有文化！我们没有时间慢慢等文化积淀下来后，再用它去滋养学生。我们或许更能抓住机会，自由大胆地创造自己的历史，形成自己的文化。

2012 年 12 月 29 日

无条件的爱

（一）

故事发生在一个普通的法国家庭。一天，孩子放学后在客厅里玩篮球，不慎打落书架上的一个世代相传的花瓶；为了掩盖自己闯下的弥天大祸，孩子慌乱地把碎片用胶水粘起来，胆战心惊地放回原位。细心的母亲发现了花瓶的"变化"。害怕受到惩罚的孩子灵机一动说，是一只野猫从窗外跳进来，怎么赶也赶不走，它在客厅里上蹿下跳，最后碰倒了架子上的花瓶。

母亲很清楚，孩子在撒谎。到了晚上，她把孩子叫到书房。她从抽屉里拿出一个巧克力盒子，把其中一块巧克力递给孩子："贝克纳德，这块巧克力奖你，因为你运用神奇的想象力创造出一只会开窗户的猫，以后你一定可以写出很好看的侦探小说。"接着，她又在孩子手里放了一块巧克力："这块巧克力奖给你杰出的修复能力，虽然用的是胶水，但是裂缝吻合得几乎完美无缺呢。不过记住，你用的胶水是用于修复纸质物品的，修复花瓶不仅需要更强力的胶水，还需要更高的专业技术。明天我们把花瓶拿到艺术家那里，看看他们是怎样使一件工艺品完好如初的。"母亲一边说着，一边又拿起第三块巧克力："这最后的一块巧克力代表我对你深深的歉意，作为母亲，我不应该把花瓶放在那么容易摔落的地方，尤其是当家里有一个热衷体育的男孩子的时候。希望你没有被砸到或者吓到，我的小甜心。"

听到这里，孩子之前那颗叛逆的心早就飞到了九霄云外。之后的日子，一切照旧，唯一的变化是，孩子再也没有撒过一次谎，每当他不由自主地想要撒谎时，那三块巧克力就会立即浮现在眼前。

著名教育家陶行知先生也采用过同样的教育方式，有一个关于他的四块糖的故事。

学生王友用泥块砸同学，陶先生当即制止，让他放学后到校长室。等到放学后，陶先生回到校长室时，王友已等在门口准备挨训了。

陶先生给了他一颗糖，说："这是奖给你的，因为你很准时，我却迟到了。"王友惊疑地瞪大了眼睛。陶先生又掏出第二颗糖对王友说："第二颗糖也是奖给你的，因为我不让你再打人时，你立即就停止了。"接着陶先生又掏出第三块糖："我调查过了，你砸的那些男生，是因为他们不遵守游戏规则，欺负女生。你砸他们，说明你很正直善良，并且有跟坏人作斗争的勇气，应该奖励你啊！"

王友感动极了，哭着说："陶校长，你打我两下吧！我错了，我砸的不是坏人，是自己的同学……"陶行知这时笑了，马上掏出第四颗糖："因为你正确地认识了错误，我再奖励你一颗糖……现在我的糖没了，我看我们的谈话也该结束了。"

（二）

许多年前，一名穷苦的牧羊人带着两个年幼的儿子，靠给别人放羊维持生活。一天，他们赶着羊来到一个山坡。这时，一群大雁鸣叫着从他们头顶飞过，并很快从他们的视野中消失了。

"大雁要往哪里飞？"牧羊人的小儿子问他的父亲。

牧羊人回答说："为了度过寒冷的冬天，它们要去一个温暖的地方安家。"

"要是我们也能像大雁一样飞起来就好了，那我就要比大雁飞得还要高，去天堂看妈妈。"他的大儿子眨着眼睛羡慕地说。

"做个会飞的大雁多好啊！可以飞到自己想去的地方，那样就不用放羊了。"小儿子也对父亲说。

牧羊人沉默了一下，然后对儿子们说："如果你们想飞，你们也会飞起来的。"两个儿子试了试，并没有飞起来。他们用疑惑的眼神看着父亲。

牧羊人接着说："看看我是怎么飞的吧。"于是他飞了两下，也没飞起来。

牧羊人肯定地说："可能是因为我的年纪大了才飞不起来，你们还小，只要不断努力，就一定能飞起来，去你们想去的地方。"

儿子们牢记父亲的教导，并一直不断地努力。等他们长大以后终于飞起来了，他们就是美国的莱特兄弟，他们发明了飞机。

（三）

一天晚上，有个年轻的母亲正在厨房洗碗，她才几岁的儿子独自在洒满月光的后院玩耍。年轻的母亲不断听到儿子蹦蹦跳跳的声音，感到很奇怪，便大声问他在干什么。天真无邪的儿子也大声回答："妈妈，我想蹦到月球上去！"这位母亲并没有像其他的父母一样责怪孩子不好好学习，只知道瞎想，而是说："好啊！不过一定要记得回来呀！"

这个孩子长大后真的"蹦"到月球上去了，他就是人类历史上第一个登上月球上的人——美国宇航员尼尔·阿姆斯特朗。他登上月球的时间是 1969 年 7 月 16 日。

同样有意思的故事还有——

一天，一个小男孩在家里照顾他的妹妹莎莉，他无意中发现了几瓶彩色的墨水。母亲不在家，那些瓶子对他来说是一种极大的诱惑，小男孩忍不住打开了瓶子，开始在地板上画起了妹妹的肖像。室内各处都撒上了墨水污迹，家里变得脏乱不堪。

当他母亲回来时，被眼前的情情景惊呆了，但她也同时看到地板上的那张画像——准确地说是一片乱七八糟的墨迹。她对色彩凌乱的墨水污渍视而不见，却惊喜地说道："啊，那是莎莉！"然后她弯下腰来亲吻了她的儿子。这个男孩就是本明杰·威斯特，后来成了一个著名的画家，他常常骄傲地对人说："是母亲的亲吻使我成了画家。"

（四）

以上几个故事是我从杂志上读到的，今天把它分享给大家。读了这些，大家就会明白，为什么我倡导爱的教育，倡导无条件地爱孩子。

在我们小时候，那时的条件现在的孩子难以想象——两头用砖垒砌起来，上面铺一块长条木板，就是我们的课桌。记得那时候，我特别调皮，一个小伙伴长得瘦弱，我就给他取了个外号——猴子。老喊他猴子，他当然不高兴啊，有一天就跟我打起来，然后告诉老师。当时在教室，老师毫不客气地让我出去，我不出去，老师就上来拖、拽，丝毫不留情地把我"请"出去了。

哎呀，当时心里那个难受，一路哭着回家，回去后大便都拉不出来，一向宠着我、惯着我的爷爷奶奶哪受得了，家里掀起了一场轩然大波……

记得上中学时，在一次语文课上我故意写数学作业——当时就是孩子心理，想引起老师的注意——语文老师特别生气，很严厉地喊我去黑板上听写。我那时候正好处于少年逆反期，就跟老师对着干，他报一个生字，我就画一个圈，他报两个生字，我就画两个圈，他气坏了，大喝一声，报出我的名字，我就画了三个圈……

本来很好的师生关系，因为这一次全报废了。

说起来，真是深有体会，教育的秘诀在于尊重孩子，发自内心地爱孩子，而不是以教育者自居。把自己和孩子摆在彼此平等、彼此尊重的地位，这样，师生之间也好，母子之间也好，容易消除对立情绪，容易交流、沟通，减少孩子的畏惧及逆反心理。

温和教育胜过怒斥，对孩子的教育过程，始终充满了爱心、宽容和温情，而且善于从被批评对象的错误中，挖掘其"闪光点"。这样，被批评者不至于认为自己一无是处，或者产生"老师或家长不喜欢我了"的感觉，从而疏远老师家长。

2012 年 12 月 21 日

好母亲就是一所好学校

　　经常有家长问我，怎么培养一个好孩子？怎么开发孩子的智力？怎么让孩子有教养、有气质、有风度等等。

　　培养一个好孩子很难，但是毁掉孩子的方法有很多。家长虽然不会故意，但他可能在无意间就摧毁孩子的自尊。比如我们最常见的，教训孩子学习不行，干家务不行，什么都不行，简直一无是处。比如经常拿"成功的孩子"来刺激他：你看人家某某，从不让父母操心；你看人家从来不玩游戏；你看人家考取了清华北大；你看人家……有谁像你？这类话语最具打击力和摧毁力。

　　还有些家长在生活、工作上遇到不顺心的事，自己不会化解情绪，而把火气撒到孩子身上，狠狠教训他，并制止他流眼泪。过两天火气消了，心里愧疚，于是又想方设法弥补对孩子的亏欠，这都是不利于孩子健康成长的行为。更可怕的是家长当着孩子的面吵架，让孩子战战兢兢，做噩梦，对家庭的未来害怕、担心。

类似这样的一些话题，我们三天三夜也说不完。我的体会是，一位好的母亲，其实也就是孩子的母校。我的母亲就是一位非常传统、非常善良的人，在我很小的时候，她常会教育我，给人递水递饭一定是双手；坐椅子不要翘起来；在酒桌上与别人碰杯，自己的杯子一定要低于对方的，特别是对方是长辈的时候要站起来，以示恭谨；帮别人倒茶倒水之后，壶嘴不要对着别人；递剪刀时给别人递剪刀柄那一端……今天我所有的好习惯，我所取得的一切成绩都得益于我的母亲。

我的母亲非常朴实，她文化程度不高，却非常有智慧，那个时代的人说不上有什么教育之道，但她用心。在大庭广众之下，她从不责备孩子，要在人前给孩子以尊严。中国传统教育中提倡"七不责"，第一个就是对众不责，此外还有：愧悔不责，因其自省。暮夜不责，不利入睡。饮食不责，易致脾虚。欢庆不责，经脉受损。悲忧不责，恐伤倍至。疾病不责，爱如良药。

很多人小时候都有过崇高的理想，这种理想一般随着中学、大学时代的来临而逐渐苍白。走上社会以后，人情冷暖、世态炎凉，那些青春年少的誓言，最后总是被岁月轻飘飘地遗弃。然而对于我来说，无论人生之路平坦还是坎坷，我都会把每一刻过得最好——这就是生活的艺术。能克服自己的情绪，便能克服最强的敌人。对于有理性的人而言，这是真正的财富，也是母亲赐予我的永远的财富。

大得多、优秀得多的事情，因为每一个正直和高尚的男人和女人，都是在她们的膝上调教出来的——这才是世界上最杰出的作品。"

2012 年 12 月 20 日

怨恨的土豆

有一位年轻的小学老师，她美丽、聪慧，特别喜欢孩子。有一天，她别出心裁地和小学生们做了个游戏，让每个孩子回家后去找些土豆，把自己讨厌的人的名字刻在土豆上，有几个讨厌的人就刻几个土豆，然后把土豆装在一个塑料口袋里带到学校来。

第二天，孩子们都带着土豆来了，有的两个，有的三个，最多的有五个。这时，老师对孩子们说，大家要时刻都带着土豆袋子，包括上厕所的时候，这个游戏要持续一周。

渐渐的，土豆发霉了，散发出的气味非常难闻，孩子们也常常为此抱怨。此外，带着五个土豆的孩子则因为袋子沉重而不愿意继续玩下去。游戏结束后，老师问孩子们："带着土豆感觉如何？"

孩子们一个个愁眉苦脸，都说带着土豆袋子非常不方便，而且土豆发霉后散发出的气味很难闻。这时，老师告诉了孩子们：土豆放在袋子里就像你心里讨厌的人，土豆发霉后的气味就像你对别人的怨气，随身带着土豆一周都难以忍受，更何况是让怨气放在心里跟随我们呢？

听朋友讲完这个故事，我忍不住为这位老师喝彩。她的课程生动、风趣，让人记忆深刻。我想，如果孩子们将来遇到讨厌的人，他们一定会想起一袋土豆的故事，一定会选择不计较、不苛刻，永远记得宽容谅解。如果豁达的个性、美好的情感没有在童年形成，等孩子长大，时机错过，就很难培养出这种感情来。

这个故事让我想起我的童年时代，有一次跟同学打架了，后来每次见面都气哼哼的互不搭理，母亲微笑着把我搂在怀里，慈祥地告诫：别人虽然有不好的一面，但你一直在注意别人不好的一面，所以至今什么进步都没有，如果你依旧去观察别人的缺点，就永远不会有什么收获与成就。发现别人好的一面，你才会产生感恩和希望学习的想法，才会降低自己的傲慢，才能逐渐变得不平凡……

我铭记着母亲的话，现在，我也常常这样教育自己的孩子：如果你能像看别人的缺点一样，准确地发现自己的缺点，那么你的生命将会不平凡。

怨恨的土豆也让我感慨，教师魅力不仅仅来自于得体的穿着，高雅的谈吐，更是内在气质、美德的自然流露。教师的优良人品，才是吸引学生最根本的原因。在学校里，教师是学生最亲近最尊重的人，学生具有天然的"向师性"。教师的崇高人格，就会像春雨一样"随风潜入夜，润物细无声"，潜移默化地影响着学生的人格。

印度哲学家奥修说，当鞋子合脚时，脚就被忘记了。其实，真正的教育是一种潜教育，当孩子意识到他在接受教育的时候，教育的意义已经失去。正是因为我们现在的教育走不进孩子的心灵，所以孩子对它的反应是机械而被动的；正是因为现在的教育只是用诸如分数、名次、名校等外化的标准去评判孩子的学习，而不是尊重孩子的生命发展规律、让学习内化为孩子内心自然的需求，所以，学生学得压力沉重乃至厌学。

我们都有过这样的经历：当看到雪花翩翩落下，看到月亮缓缓升起，或在深夜聆听风吹竹叶、雨洒梧桐，我们感觉内心深处无比宁静美好。只有真切去感受身边的每一个人、每一件事物，才能让生命灵动而自由起来。对孩子们来说，如果他们的心灵没有被教育者（家长、教师等）感应到，一切的教育都是没有用的。

一个健康的孩子就好比是一棵健壮的树，必须以善良为根，正直为干，丰富的情感为蓬勃的枝丫，这样才能结出甜美丰硕的果实。老师要把善良、美德的根植入孩子的心田，这样才能培养、造就一个个阳光开朗、心灵纯洁的人。

在学校，从管理者到教师乃至校工，他们的一言一行都是教育，甚至校园里的一花一木，都能影响到孩子。树立起教师的威信，很重要的一个方面就是要求教师把自己变成孩子的榜样。有爱，一切都有可能，教师的伟大之处就在于他爱的是别人的孩子。

苏霍姆林斯基曾说："善良的情感是良好行为的肥沃土壤。"从小培养孩子善良的情感，是对孩子强化品德教育的重要一环，无疑也是素质教育的应有之义。

2013 年 10 月 15 日

我们来办中国的伊顿

（一）

一个独具匠心的老木匠，受雇于一个老板，老木匠凭着自己精湛的手艺，深得老板的青睐。忙碌了一辈子的木匠年岁已高，准备退休回家颐养天年，便向老板说明了自己的想法。老板听了后很是不舍，不得已，又请老木匠为他最后做一件事，并表示就当是帮他的忙吧！

无奈的老木匠，不得已又盖起了最后的一座房子，这一次他全然不同于以前，大家都看得出来，老木匠的心已不在工作上了。用料也不那么严格，做出的活计也全无往日的水准。

时间不长，老木匠草草完成了老板交给的任务，当他想把这所房子交给老板时，结果是老木匠意料未及的——老板对老木匠说："你为我干了一辈子的活，我想把你盖的这所房子作为礼物送给你，算我给你的最后一份报酬吧！"

……

　　我为什么要在这里讲这个故事？其实每个人在自己的生活中就相当于这个木匠，我们每时每刻都在为自己建造着生命的归宿。今天的任何一个不负责任，其后果都会在未来的某个地方等着你。你钉一颗钉子，放一块木板，垒一面墙，最后会让你吃惊地发现，你将不得不住在自己建起来的房子里。

　　给你修路的，是你自己；埋葬你的，也是你自己；帮助你的，是你自己；毁灭你的，也是你自己；成就你的，自然还是你自己。

　　诗人说：生命是没有意义的，除非有工作；所有的工作都是辛苦的，除非有知识；所有的知识是空虚的，除非有热望；所有的热望是盲目的，除非有爱。

　　我们为什么工作？大家都深思过吗？

　　有些人工作是为了"糊口"，抱着这种想法的人，每天刚上班就盼着下班，每学期刚开学就盼着熬到放假，做事心不在焉，工作没有效率，心神被负面的东西所充斥，从来没有追求成功的热情，更不要谈去考虑自己为什么而工作。责任心不只是要用在工作中的，做人也要对自己负责任，即使是为了糊口，也要为这些糊口之粮负起责任，这是人最基本的职业素养，如果连这种基本素养都没有，我们还能活下去吗？

　　若只把工作当"饭碗"，这个饭碗就会磕碰出裂缝，以至越来越"破"；如果不顾一切地爱上工作，工作不但会变成一只"金饭碗"，而且这只"金饭碗"会盛满成功、盛满幸福，且源源不断地回馈给你，大家要学会在工作中体会生命的精彩。

我们在为谁工作？这是每个人都需要反省的问题，我们在为老板打工的同时，更是在为自己工作。工作是一个施展自己能力的舞台，我们寒窗苦读来的知识、我们的应变力、我们的决断力、我们的适应力以及我们的协调能力，都将在这样的一个舞台上得到施展。除了工作，没有哪项活动能提供如此高度的充实和表达自我的机会、个人使命感以及活着的理由，所以工作是我们需要用生命去做的事。

工作不仅能赚到养家糊口的薪水，同时，困难的工作能锻炼我们的意志，新的工作能拓展我们的才能，与同事的合作能培养我们的人格，学生的进步能带给我们成就感……从某种意义上来说，工作是为了自己。

希望我们每个人，都能够担负起对自己的责任，不要只是活着就算了，我们应该活得像一朵花，不论男人或女人。花有色、香、味，人有才、情、趣，每一天要活得踏实，将分内的工作尽全力去做到完美，让自己无愧于天地。

（二）

一位父亲丢了块表，他抱怨着四处翻腾寻找，可半天也找不到。等他出去了，儿子悄悄进屋，不一会儿找到了表。父亲问他怎么找到的，儿子说："我就安静地坐着，一会儿就能听到滴答滴答的声音，表就找到了。"

这是我今天要给大家讲的第二个故事，在这个浮躁的时代——我们越是焦躁地寻找，越找不到自己想要的，只有平静下来，才能听到内心的声音。

记得我十九岁那年参加工作，刚踏入工作的一年中，慢慢体验到了作为一名教师的幸福。当我全身心地投入到教学工作中，每个学生都吸引着我，我对自己的工作有一份责任，我感到幸福；当我营造一个充满生命活力的课堂，和学生一起克服困难、一起享受成功，我感到了幸福；当我所教的学生成绩有所提高，思想有所进步的时候，我感到了幸福；当我渐渐地发现，知识得到不断充实，自身得到不断完善时，我感到了幸福。教师只有体验到职业的幸福感，才能真切地把快乐带给学生，把知识完整地传授给学生，才能有效地影响并促进学生的健康成长。

刚入职的年轻老师，要学的东西很多，我们往往沉浸于今天看了什么，明天知道了什么，却忽视了到底懂了什么以及该如何做好这样的问题。不要满足尚可的工作表现，要尽善尽美，你才能成为不可或缺的人物。无论做什么事，如果满意于做到"还行"，那你绝不会成功。所以，我希望年轻人一定要严格要求自己，力求把事情做到尽善尽美。同时更要心怀感恩，感谢工作带给我们的充实，感谢领导同事对我们的关怀、帮助。教师的幸福感，我以为来自于教师心态的平和，也来自于人生的阅历与洞察。

因为我们是教师啊，是人类灵魂的工程师，所以我平时对大家难免严格些。比如迟到，在一般企业里，也许不算什么事，可在我们学校，我就很难容忍，有时候性子也急：你是老师啊，你不知道你的一举一动都影响着学生？能控制早晨的人，方可控制人生。一个人如果连早起都做不到，你还指望他这一天能做些什么呢？古人云：一日之计在于晨，一年之计在于春。你连早上都抓不住，怎么能抓住当天？你又怎么去管理学生迟到？

还有着装问题，我们要为教育着装，美国的老师，哪一个不是打扮得整整齐齐、风度翩翩？我来王府外国语后，经常穿西服、打领带，因为这样让我看起来更绅士。不过，也不强求大家，但我们要时刻记得随身携带的东西：第一，微笑——微笑折射了你的品性修养，胜过所有美妙的服饰与化妆；第二，自信——自信舒展了你的个性，彰显你的风采；第三，学习——学习是攻坚的利器，取胜的法宝；第四，倾听——只有你走进别人心里，才能看清他需要什么。

每天早晨，当我来到学校，孩子们一声声问候"校长好"，我真是心都醉了，当个总统也不过如此了，所以每天工作起来特别有激情。人生的成就，看你跟谁比，跟李嘉诚比，那确实比不了，也不想去比。但是，当我站在学校的孔子像前，总会思考我这位万世师表的老乡，这样一位大思想家，开创私人办学之先河的夫子。尽管他周游列国落魄如丧家之犬，尽管他出身的家庭是那样的贫寒，尽管他的教室是那样的简陋，尽管他的学费是那样的低廉，但这一切，都掩盖不了他的光辉，因为他的弟子三千，贤者七十二，各行各业都有出类拔萃者。他对中华民族的教育事业所作出的伟大贡献，令一代又一代的人敬仰。

还有我敬仰的校长梅贻琦先生。1951 年，清华大学校长梅贻琦主持清华纽约办事处，只有一间办公室，只聘一位半时助理，自己给自己定薪每月 300 元。后国民政府有令，要他把薪水改为 1500 元。梅贻琦不肯："我自己定的，我不情愿改。"他原住一间公寓，为给公家省钱"搬进一个很不像样的住处"，"小得连一间单独的卧室都没有"。

我们今天享受到的优越条件，是前人所不能想象的！

生活需要磨炼，人生更需要洞悟。芝兰生于幽谷，不因无人问津而不芳；梅花开于墙隅，不因阳光不照而不香；流水绕石而过，不因山石之阻而纷争，这是一种淡定的宁静。高山无语，深水无波，更是绚烂至极归于素净质朴、宁静深沉的境界，我希望我们的老师能有这样的境界。

（三）

乌鸦往东飞，遇到鸽子，它们都停在一棵树上休息。鸽子见乌鸦飞得很辛苦，关心地问它要去哪里，乌鸦愤愤答："其实我不想离开，可是这个地方的居民都嫌弃我的叫声不好听。"鸽子好心地指出："别费力了，如果你改变不了你的声音，飞到哪都不会受欢迎的。"

这是我今天讲给大家的第三个故事，其实我们做事也是如此：改变目标，不如改变方式；改变环境，不如改变自己。

一位哲人说过：你的心态就是你真正的主人。一位伟人说过：要么你去驾驭生命，要么是生命驾驭你，你的心态决定谁是坐骑，谁是骑师。而释迦牟尼佛说：物随心转，境由心造，烦恼皆由心生。心态的不同必然导致人格和作为的不同，因而也会谱写不同的人生。

在读书的间隙，我常独自临窗远眺，或在万籁俱寂时仰望星空，我常想到大师们：朱自清，"一个完美的人"；傅斯年，"史界帅才"；胡适，"新文化中旧道德的楷模"；陈寅恪，"三百年来仅此一人"；林语堂，"享受人生"；吴宓，"理想与功利冲突之痛"；顾颉刚，"恨不能读尽天下书"；梁漱溟"最后一个儒家"；钱穆，"中国文化的守护者"……

那真是一个光芒四射的时代，让人回想起来激动不已！如今人们只剩下感叹：大师远去，再无大师。在我们王府外国语学校，我们的教师队伍，能不能出现这样的人物？哪怕只出现一位。我常常深深祈求上苍，不拘一格降人才。我从没有为自己祈求过，但我真是为学校的人才操碎了心，但愿我们学校出现这样大师级的人物。

人生就是这样，和阳光的人在一起，心里就不会晦暗；和快乐的人在一起，嘴角就常带微笑；和进取的人在一起，行动就不会落后；和大方的人在一起，处事就不小气；和睿智的人在一起，遇事就不迷茫；和聪明的人在一起，做事就变机敏——借人之智，完善自己。学最好的别人，做最好的自己。

虽然我们主张素质教育、爱的教育，但应试方面的有效做法在外国吾学校还要继承、发扬下去。因为考试是衡量老师教学、孩子学习的一个有效手段，国际化转型不是不考试，美国人的考试也考到了全世界。美国的高中数学一周考两次，只有这样反复的强化，才能让我们的孩子对老师传授的知识从感知、理解、运用、认识的初级阶段，上升到能够分析、综合、评价的更高阶段。我们做老师的不要认为考试就是应试教育，这是有效检验我们教学教育的手段。

在我们的努力下，学校正在发生着可喜的变化，但我觉得还不够，我们要做的事情很多，需要有人来执行，这样才能办出外国语学校的特色，这是实实在在的。我们要创新、要想点子，工作意味着不停地改进，这样才有学校的特色，才能让我们的孩子受到最大的益处。

以后的家长会，各班要统计家长参会的具体人数，并且在我们的网站公布，包括家长对老师的评价，学生对老师的评价满意率。期末还要计入对老师的考核，通过问卷调查看老师的工作态度到底如何。

我们的孩子要通过活动来教育，不多给机会，怎么培养出良好的习惯？这个学期学生活动的次数还是少了，依靠说教是很没有力量的，下个学期，大家要多动脑筋，怎么给我们的孩子机会，让他们形成好的习惯？经常举办活动，在活动中训练，让我们的孩子在高兴的同时，不知不觉中受到教育。

我会常常去听课，看老师是怎样对学生进行教育的。要让孩子有正确的价值取向，让孩子慢慢学会自己解决问题。时间长了孩子的领导能力和良好的行为习惯会得到培养，会在原有的基础上得到提高。从学生个体而言，通过参加这些活动，对于个人的形象，个人的礼仪、纪律、合作方面，都是一次很好的成长机会。

我们的老师要反思自己的教学和班主任管理有什么问题，班主任要抓紧和任课老师一起想办法，和班干部一起想办法，和热心的家长一起想办法调动孩子的激情。总之借着新年，大家要反思、改进个人的工作。从个人的职业生涯方面来讲，也是非常有好处的，要有职业精神，最使人疲惫的不是道路的遥远，而是你心中的郁闷；最使人颓废的不是前途的坎坷，而是你自信的丧失；最使人痛苦的不是生活的不幸，而是你希望的破灭；最使人绝望的不是挫折的打击，而是你心灵的死亡。

伊顿公学有六百多年的历史，其创始人不是教会了孩子多少知识，不是传递了先人的多少智慧，而是教给孩子"艺术和习惯"，让孩子一生受益。我们做老师的有没有教给孩子良好的生活和学习习惯？大家要去反思。

如果一个老师不能唤醒学生的良知意识，不能赋予学生真正的教育，不能让学生具备独立人格，具备认真思考、求真精神，以及对社会的责任意识，那你不如去摆地摊，我希望我们王府外国语学校是真正的育人之地。

美国埃默里大学教授马克·鲍尔莱在《最愚蠢的一代》中说：我想我们正进入另一个黑暗和无知的时代。人类延续了数千年的知识、理性的传统，也许就这样结束了，剩下的只有娱乐和成功。像我这样的人，一心要维护书本和阅读的价值，在这个时代只会显得越来越奇怪，不是错误，只是不合时宜、古怪，但我仍然不断尝试。

作为教育者，我们应该坚守，并在坚守中看到希望。民国是一个动荡的乱世，但我们看到北大、清华、燕京、南开奇迹般地生长，看到西南联大战火纷飞中的奇迹，也看到大量的中小学达到了足以令今天惊讶的水准。那段历史背后究竟有一种什么样的精神？我们的教育能否重现昔日的辉煌？作为教育者，我们负有这样的使命！我们能不能办出中国的伊顿公学？那将令我们不负此生！

在这个浮躁的时代，我们要静下心来！即使再清澈的水，如果在杯子中不停地摇晃，它也不会清澈；而即使再浑浊的水，如果静静地放着，也自然会变得清澈。我们的心也是如此，如果你没有给它时间去沉淀，而总是摇晃不停，那它就会处在一种浑浊的状态。

记得上大学时读《麦田里的守望者》，主人公霍尔顿·科菲尔德谈自己的人生理想："有那么一群小孩子在一大块麦田里做游戏。几千几万个小孩子，附近没有一个人——没有一个大人，我是说——除了我。我的职务就是在那里守望，要是有哪个孩子往悬崖边来，我就奔过来捉住他，不让他掉下悬崖，而是让他永远快乐的奔跑，我整天就干这样的事。我只想当个麦田里的守望者。"

我想教师所充当的角色从某个角度来看，也是一个守望者。对世界的终极关怀，人类普遍的同情心，社会良知，都需要以教育的方式传承。虽然我们没有必要以拯救者的身份出现或自诩，但我们可以尽可能地去守望每一个灵魂。

作为我本人，非常感恩能跟大家在一起工作，我们有这么多优秀的同事。我是这样要求自己的：一日三餐吃食堂，没日没夜在学校围着老师转，老师则要围着学生转。工作总能带给我幸福，而宏伟的事业，是靠实实在在甚至微不足道的小事一步一步积累的。

一个人一生中最大的幸福在于做对两件事：一是找对单位、找对上司；二是找对妻子或丈夫。当太阳升起时我们与上司共事，当日落西下时我们与爱人相拥。愿我亲爱的同事们——你们在这两件事上选择永远是对的，愿幸福伴随你们的昨天、今天、明天……

2013 年 1 月 7 日

第三辑　人生，为一大事来

人生，为一大事来

近日接到现代教育报电话，盛情邀请我参加最帅校长评选。原来他们要在年底做一个活动，寻找京城最帅校长。在当代这个谁都想"帅"的社会，"帅"可谓是一种魅力和资本，然而什么是"帅"呢？

我是不是最帅校长，这个留待后人评说，要说谁是我心中最帅校长，一时，脑海里浮现出的还真不少。

"宁可读书无用，不可用时无书"。这是一位老校长——徐炯写的对联。在四川大学附属小学，余强校长讲述了老校长徐炯的故事：徐校长一生情系教育，创办了四川通省师范学堂，任学堂监督兼四川高等学堂教席。一天，徐炯正带领学生在校园植树劳动，门卫前来报告说，总督赵尔巽要会见校长，徐炯拒绝说："率学生劳动事大，见达官贵人事小。去回总督说我外出。"

学生事大，这句话让我震撼。如果现在省委书记召见，有多少人能够像徐炯一样呢？遇如此校长，学生幸事！其实，并不是这件事有多大，而是这种人格意识在现行社会中太缺乏了；而只有具备独立人格的教师，才能培养出具有独立人格的人。

学生事大，这句话也时时激励着我。

在我心里还有一位校长，被人称为史上最牛的校长——叶志平，他曾经挽救了 2200 多名孩子和 100 多位老师的生命。因为他重视整固教学楼和防灾演习，他所在的桑枣中学 2300 多名师生在汶川大地震中无一伤亡。

从 1995 年当校长那年开始，叶志平校长就四处借钱，加固教学楼。他利用寒暑假和周末，一个角落一个角落地修。另外，他还在学校坚持每学期搞一次消防疏散演练，学校规定了每个班固定的疏散路线、每个班级疏散到操场上的位置。甚至于每个班在教室里怎么疏散、老师的站位，都有着详细的要求。老师们有些反感，觉得没事找事，但他令出如山。与此同时，每周还给孩子们安排了安全知识课。

"5·12"那天，学校地动山摇，老师和学生们按照平时经常演习的训练秩序，进行了一次真正的安全疏散。1 分 36 秒，全校 2300 多名师生从不同的教学楼和不同的教室中，冲到了操场，按照平时的站位列好了队。安县的隔壁，就是大地震最为惨烈的北川。叶志平那一天正在绵阳，他发疯一般赶回学校，那些他最担心的孩子们，此刻却紧紧地挨着站在操场上，老师们都围在孩子的外圈。老师们郑重地对他报告：学生没事，老师也没事，所有的师生都安然无恙。这时，这位当时已 55 岁的校长，全身瘫软，哭了。

两年前，这位让人敬佩的好校长突发脑溢血，永远离开了他所挚爱的学校，人们哀伤、沉痛，永远怀念他，在这份深情的背后，是人们对这位平凡又伟大的校长的致敬。一件好事，足以告慰一生。

做一个好校长，谈何容易！说得小些，他关系千百人的学业前途；说得大些，他关系国家与民族之兴衰。从某种意义上说，校长的境界决定了学术的境界，校长的思路决定了学校的出路，校长的办学思想决定了学校的品位。一句话，校长的教育理念、教育思想、专业素养、管理能力如何，工作开展的成就如何，直接关系到学校的整体办学水平。

说起最帅校长，我不禁想起这样一段轶事：著名建筑学家梁思成、林徽因夫妇受梅贻琦校长之邀，负责为西南联大设计校舍。梁思成夫妇花了一个月时间，拿出了第一套设计方案，一个中国一流的现代化大学赫然纸上。然而，设计方案很快被否定了，理由是西南联大拿不出那么多的经费。

此后两个月，梁思成夫妇把设计方案改了一稿又一稿：高楼变成了矮楼、矮楼变成了平房、砖墙变成了土墙，林徽因每改一稿都会痛哭一场……当梁思成夫妇交出最后一稿设计方案时，当时的建设长黄钰生无可奈何地告诉梁思成，经校委会研究，除了图书馆的屋顶可以使用青瓦，部分教室和校长办公室可以使用铁皮屋顶之外，其他建筑一律覆盖茅草，土坯墙改为用黏土打垒，砖头和木料的使用要再削减二分之一，希望梁思成再做一次修改。

梁思成忍无可忍，他冲进梅贻琦的办公室，把设计图纸狠狠地摔在梅贻琦的办公桌上，痛心地喊道："改！改！改！你还要我怎么改？我……已经修改到第五稿了，茅草房就茅草房吧，你们知不知道农民盖一幢茅草房要多少木料？而你给的木料连盖一幢标准的茅草房都不够！"梅贻琦叹了口气说："正因为如此，才需要土木工程系的老师们对木材的用量严格计算啊。"梁思成听着，心软了，流下了眼泪，哭得像一个伤心的孩子。

在这种困境下，当时的云南省主席龙云在人财物等方面给了西南联大极大的支持。一天，龙云特地来拜访梅贻琦，说孩子没有考取西南联大附中，请求破例录取。原来西南联大办了一个附中，由于教学质量高，大家都想把孩子送到这所学校去读书。梅贻琦留龙云吃饭，席间，梅先生请教务长潘光旦安排老师晚上辅导龙云的孩子，等明年再考，同时言明老师的家教费得由龙主席自己支付。

龙云认为梅贻琦太不给面子，后来知道梅校长的女儿梅祖芬也未被录取，这才不气了，对梅校长更加敬佩。

以上这些都是我仰慕的校长，是我心中当之无愧的最帅校长。帅，除了天生的相貌，还包括后天的气质和修养。记得上小学时读过教育家陶行知先生的诗："人生天地间，各自有禀赋。为一大事来，做一大事去。"那时想，所谓大事，即惊天动地的事，牵动全局的事，关乎国家兴亡的事，提振民族精神的事，造福全社会的事，改变世界的事，改写历史的事等。

人生为一大事来，首先当然要有远大志向，志存高远。为一大事来，须有坚忍不拔的意志，百折不挠，水滴石穿；为一大事来，当具忘我精神，不怕牺牲，勇于献身。"人生为一大事来"！在我少年时代，第一次读到这样的话，热血沸腾，夜不能寐，有此生必须做成大事之感。

流年似水，浮生若梦。如今，年近半百，铅华洗尽。一位家长的电话，一位家长的来访，孩子们一张张鲜花一样的笑脸，一声声热情的"校长好"……点点滴滴，都会在我心里掀起美好的波澜。仅仅一次励志交流，一个孩子的变化就让我震惊，这或许是偶然，但恰巧是这偶然契合了一个迷茫的心灵，人生从此不同。一个教师，能成什么大事呢？改变一个学生就是大事！一个校长能成什么大事呢？一个人，一个家庭……这无数的一个不就是大事？人生为一大事来，这句话再次从我心底涌出！喷薄而出！

我喜欢学校，热爱学校，习惯每天一大早就来到学校四处巡查：师生们是不是朝气蓬勃？有没有迟到的？有没有谁精神不振？如果有，是什么原因？看到个别孩子"蹿个儿"特别快，我就会记下来，通知总务处单独给孩子调整坐椅高度。我习惯一日三餐和孩子们一起，在学校食堂吃饭。学生可以随时拦住我，问他们关心的问题。每天，每一个班级，我至少都会巡查三遍，哪些孩子学习认真，哪些孩子不认真，需要我为他们做什么……每个晚上，孩子都休息了，直到夜色里的校园一片宁静，我才会回去休息，我喜欢与教师促膝谈心，交流思想，尽我所能解决他们在生活、工作中遇到的烦恼与困惑；鼓励他们积极投入教改实践中去，大胆创新，勇于实践，逐步形成自己的教学风格……教育是一分钟一分钟、一小时一小时、一天一天耐心地掌握细节的过程。

昨晚，再一次读纪伯伦的散文诗：

力量播种在我内心深处，我把它收获，献给饥饿者果腹；灵魂给这小小的葡萄藤以生命。我把那葡萄榨成汁，供给干渴者饮用；苍天为这盏灯添上油，我点燃灯，放在我家的窗口，为过往行人在黑夜中照明。我做这一切，是因为我为此而生。

我总想把最好的东西给予自己的学生，让王府外国语学校成为大家最理想的学校，但是我知道还做得很不够，我要向你们道歉。尽管做得还不够好，但我们都要用最帅的精神激励自己，力争成为最帅的老师、最帅的学生！我常常想，我们都要有这种能耐，让别人一想到我们就有精神；尤其是不要让父母一想到我们，就开始担心。大家不要小看自己，要发下这样的誓言——让任何人看见我们，想到我们，接触到我们，甚至听见我们声音的人，都能感觉到朝气蓬勃、积极向上的帅气。

让我们化作美好，化作智慧，化作祈愿，并且付诸行动，成为最帅的源头，像一个帅气的涟漪，从王府外国语学校开始，扩大、再扩大，让无数人同享这份纯洁高尚的帅气——人生，为一大事而来。

2013 年 11 月 13 日

不做总统，就做孩子王①

一直都没来由地喜欢孩子，对我来说，最享受的事情就是做孩子王；最得意的事情就是每次有朋友来访，我不是在学校，就是在通往学校的道路上；在我的眼里，没有不好的孩子，只有不好的教育。

有一次，一位家长来我办公室诉苦，讲他的孩子如何调皮、如何不爱学习，如何让人崩溃……没等他说完，我就劝他打住，爱孩子首先要全部接纳，不是因为孩子的学习好坏，也不是因为他的行为如何，爱孩子就是爱孩子本人，跟孩子的行为无关。只有接纳孩子的一切，跟他交朋友，孩子才会快速进步。

如果老跟孩子讲条件，非要成绩好、守规矩才爱他，就会让孩子产生这样一个观念：只有做了让爸妈高兴的事，爸妈才爱他，从而产生事事取悦父母的想法。当一个人产生了取悦别人以换取自己所需要的东西时，他的"自我"就成了别人的

---

① 应《现代教育报》约稿，发表于 12 月 25 日 "京师论坛"。

"自我"。

也有家长来找我，反映孩子脾气很大，性格暴躁，一说话就顶嘴。你说一句，他有十句等着你……其实，当孩子发脾气时，父母应不声不响地把他抱起来，或者是平静地注视着他，等待孩子自己安静下来。有的父母在小孩发脾气时，也跟着发脾气，用发脾气对发脾气，针锋相对只会伤害家长和小孩的亲子关系。要知道在孩子成长过程中，生气、愤怒、发脾气这些负面情绪和愉快等正面情绪一样合理，并不代表孩子变坏了，如果不能接纳，不能在接纳的基础上了解引起这些情绪的原因，一味责怪、训斥将是毫无用处的。

我也曾经被自己的孩子气到过，气得我一天没吃饭。听说有儿子的父亲，都比较匪气；有女儿的父亲，都比较文雅，是这样的吗？只记得那天被彻底气到了，还真有点匪气，真想跑去美国，痛揍他一顿。但是仔细一想，父母的态度不仅影响孩子对生活的看法，还会影响孩子智力和能力的发展，影响孩子的行为和道德习惯。最后，我这悲伤的父亲还是无条件作出选择：永远用温和的态度对待孩子。

但凡能够抽出空来，我就会去各个班级听课，课堂教学是提高教学质量的主阵地，推门听课是校长引领学校发展的一项重要工作。从听课的情况以及我接触到的孩子来看，现在的孩子们在学习上心力不足，对学习热情不足，耐心不足，我也常常反思：现在的孩子条件这么好，为什么就不知道好好学习？

　　记得在我求学的时代，那时的条件跟现在的孩子没法比，我的父母是地地道道的庄稼人，每天守着庄稼转，我从懂事起就开始干农活，推架子车、放羊、放牛、拾麦穗、春种、秋收、砍柴无一不曾经历。每天放学回来，家里有干不完的农活，哪有可以写作业、可以读书那么好的事情啊，不过，恰恰是农活的脏、累、苦、差，能锻炼意志、磨砺耐性、启迪智慧，让人的思想朴实无华。

　　我们老家的村子很有意思，后面靠山，前面临水，一半在山上，一半在水上，走进村子，有武陵人误入桃花源的美妙。村里有开染坊的、有弹棉花的，还有铁匠铺，现在回想起来，如同做梦一般。

　　比如说铁匠铺吧，记忆中那是一间五六平方米的搭棚，两面有简陋的墙可以挡风，墙上"打铁加工"四个红字在黑乎乎的铺子里显得鲜艳夺目。

　　搭棚前有大火炉，拉起风箱，风进火炉，炉膛内火苗直蹿。炉上架着一口大铝锅，旁边还堆放着一大堆矿煤。两口大铁桶装满了浑浊的水，打好的铁件要放在水里冷却。

　　要锻打的铁器先在火炉中烧至通红，然后用铁钳铗到大铁墩上，师傅拿小锤，徒弟抡大锤，砸的铁屑往下掉，那是杂质，砸得快要冷却了，砸不动了，往水里一插，"嗞啦"一下，那叫"淬火"，再接着烧。就这样不停地加到极高温度，又极度冷却，极度打造，最后把杂质都逼出来砸掉了，便成了钢。

仿佛一首交响乐，风箱呼呼地吹着，红彤彤的炉火随着风箱的节拍激情地跳跃着，师徒俩汗水嘀嗒，沉重的铁锤此起彼伏，叮叮当当。

母亲常常打发我去铁匠铺打农具，镰刀啊、锄头啊、柴刀啊之类。铁匠师傅轻车熟路，右手抡小锤，左手握铁钳，一边锻打，一边要凭目测不断翻动，才能将铁件打成想要的形状。看着师傅将坚硬的铁块不断地锻打，变出方、圆、长、扁、尖不同形状，总是令我惊叹不已。

铁匠师傅可能看我比较懂事吧，喜欢跟我开玩笑，问我几句话，有次他随手撸起身上被火星烧成筛网一样的上衣，擦了擦额头上的汗珠，非常自豪地说："打铁是男人的事业，没有力量不能打铁，没有胆量不敢打铁，没有吃苦耐劳的精神不愿打铁。"

我张着嘴，愕然。

铁匠师傅又说："这是个千锤百炼的行业，只有经过千锤百炼出来的钢内在的结构密度才高，坚硬程度才会更高，才能成为我们所说的好钢。如果煅打的次数达不到，回炉的次数达不到，就成不了好钢材。打铁如此，做人不也如此吗？"

我常常想，在我求学的时候，我学到了什么呢？在贫困的年代里，长身体时没饭吃，长知识时没书读，但我们村里不管是开染坊的、弹棉花的，还是打铁的，人人富于理想、责任感和自我牺牲精神，他们深深地影响了我。

记得那时候没有污染，冬天下大雪，孩子们把池塘的冰砸破，你一块我一块，吃得津津有味，有时候摘屋檐下的冰疙瘩，咬得"嘎嘣"脆，手冻得像胡萝卜。那时没有什么娱乐，我在高山之巅聆听万壑松风，在流水之侧沉思生命的含义，一个默默的乡村少年，逐渐走向成熟与宽厚、隐忍与超越，像夕阳中起舞于海面的飞鸟，安详于大海的辽阔，自在于天穹的无涯。

我愿意把我过往的经历讲出来跟大家分享，我想，不论是什么教育，也许无一比得上逆境。从没见过温室里的小花能够忍受风吹雨打，从没看过盆栽的植物能够长成参天大树。成长是需要压力的，正如大树的成长不仅需要阳光，也需要寒夜和冷雨一样，一个人的人格要真正成熟，不仅需要快乐，也需要苦难考验。

狄更斯在《双城记》的开头写了这样的一段话："那是最美好的时代，那是最糟糕的时代；那是智慧的年头，那是愚昧的年头那是信仰的时期，那是怀疑的时期；那是光明的季节，那是黑暗的季节；那是希望的春天，那是失望的冬天；我们拥有一切，我们一无所有；我们全都在直奔天堂，我们全都在直奔相反的方向。"

时代不一样了，现在的孩子，要什么有什么，这未必是一种幸福。过度地依赖父母，放弃了人生斗志，可能会输掉自己的一生。一个人要想在世间上成功，智商只能发挥很小一部分的作用，而情商和逆商则占了大部分。情商，是一个人的心理素质以及人际关系的能力；逆商，则是一个人承受失败和挫折的能力。现在大多数学校，只关心培养智商，而更关键的两个因素，却反而被忽略了，这是相当遗憾的！

这也给我们的教育提出了新的要求，如何教育好我们的孩子？这是我孜孜不倦、毕生努力的重大课题。

最近参加同学聚会，在我的同学圈子中，功成名就的不少，我是最平凡的一个，但我并没有为选择做教育而后悔，相反非常自豪。我常常想，这一生也许成就不了惊天动地的伟业，但我像山间小溪，以乐观的心态一路欢歌奔向海洋；我像一颗微弱的星星，甘于在静寂里守望天空。教育不是牺牲，而是享受；不是重复，而是创造。教育不只是谋生手段，更是丰富的生活本身。我在付出青春韶华的同时，收获桃李芬芳。常常有朋友打来电话，问候我在忙什么，我就会乐呵呵地回答：我呀，在种桃、种李、种春风……

2013 年 10 月 31 日

人生如茶，空杯以对①

　　相传公元前 2737 年的一天，神农氏在一棵野茶树下，架锅烧水。这时一阵微风拂过树枝，几片树叶飘落在即将烧开的水中，水色逐显微黄，喝入口中，顿觉精力充沛，神清气爽。由此，茶便被发现了……

　　今天，对我这样的茶迷来说，喜茶还需要理由吗？茶生于高山幽谷，得日月之华，蕴天地之灵，远之嚣尘，出于混沌，采之如同仙叶，可谓清纯高洁。

　　陆羽在《茶经》中说："茶之为饮，最宜精行俭德。"这是一代茶圣对茶性的至高诠释。精行俭德是中国茶道的指导原则，是古老而朴素的人文精神，也是对古今茶人的道德要求，更是一种人生境界。尤其在管理工作上，总能给我启发，去践行精行俭德的精神。

----

　　① 本文发表于 2014 年 4 月 23 日《现代教育报》，同时被中国网等众多网站转载。

有次在太湖洞庭山，和朋友一起品碧螺春，在烫洗了茶壶之后，看壶口蒸汽氤氲，这道程序称为"玉壶含烟"。水微烫，先用少许浸润茶叶，待茶叶舒展开后，再将杯斟满，一时杯中白毫毕露，翠云浮动，犹如雪片上下纷飞，观之赏心悦目，闻之清香袭人，加上眼前水光山色，交相辉映，碧螺飞翠太湖美，新雨吟香云水闲，至今想来，真是美好难忘。

茶是很神奇的东西，它浓淡皆可；笃静者，品茶入心，安魂；烦虑者，品茶沉思，静心。茶是一种情调、一种雅兴。我爱茶嗜茶，只要香茶在手，就有灵感。可谓一盏清净山林叶，舒展万千倦烦心。茶之可贵，还因为它能成为我们每个人的终身之友，它不被贵贱所奴役，永远平和、幽香。

喜欢喝茶，甚至爱屋及乌喜欢上了泡茶的水。《荀子》记载，有一次孔子观于东流之水，子贡问他：君子见大水必观焉，何也？孔子回答说：水，滋润万物而不向万物索取什么，这是德；虽然也有高下曲折的时候，但总是循着一定的河道流淌，这是义；浩浩荡荡，不舍昼夜，好像有所追求，这是道；高谷深峡，奔腾而下，无所畏惧，这是勇；可以作为衡量事物持平与否的标准，这是法；持器物取水，器盈须止，否则自溢，不可多得，这是正；润物无声，精妙细微，无所不至，这是察；能够选择洁净的源泉和注入处，这是善；自源头流出而百折不回，这是志。

喜欢喝茶，甚至爱屋及乌喜欢上了泡茶的杯。我的办公室里有一套茶具，喝茶之余，也在提醒我、激励我，不要忘记"茶满了"的故事：一只装满了的茶杯，又怎么能够增添新茶呢？管理工作也一样，脑袋里若是装满了自己的看法，又如何接受同事们的理念？人生如茶，空杯以对。

曾经听过这样一个故事：孔子的一位学生在煮粥时，发现有脏东西掉进锅里去了，他连忙用汤匙捞起，正想倒掉时，忽然想到，一粥一饭都来之不易，于是就把它吃了。刚巧孔子走进厨房，以为他在偷食，便教训了他。经过解释，孔子感慨地说："我亲眼看见的事情也不准确，何况是道听途说的呢？"

对于学校管理工作来说，空杯以对非常重要。作为校长，真的听懂了教师们的话了吗？是不是容易用自己的权威打断别人的话？我们经常犯这样的错误：在对方还没有来得及讲完自己的事情前，就按照我们的经验大加评论和指挥。反过头来想一下，如果我们不是领导，还会这么做吗？打断别人的话，一方面容易做出片面的决策，另一方面使对方缺乏被尊重的感觉。时间久了，大家将再也没有兴趣向校长反馈真实的信息。反馈信息被切断，校长就成了孤家寡人，只有与大家打成一片，管理工作才会如鱼得水。

人有人品，茶有茶品，人品如茶品；茶有茶道，人有人道，茶道似人道。管理也有"道"，管理之道犹如"茶道"。器道相宜，方能相得益彰。

谈起茶，不由想起一件趣事。宋代彭乘著的《墨客挥犀》

记载了这样一则故事：王安石当翰林学士时，有一次去拜访当时的点茶大师蔡襄，即蔡君漠（宋代茶书《茶录》的作者）。蔡襄久仰王安石大名，想在茶艺上得到他对自己的赞许，于是用极品茶，亲自洗涤茶具煮水点茶，招待王安石。只见王安石随手取出一包"清风散"，调入茶汤中痛饮起来，还怡然自得慢声说"大好茶叶"。蔡襄吃惊之余，"大笑，且叹公之真率也"。

看来，喜欢混搭、牛饮者不乏其人，其实牛饮也蛮帅。

有时候只是静静欣赏一杯茶，也是我的美好享受。比如茶的写法就是"草木之中有一人"，人在草木之中，代表着在大自然里。人在大自然的里面是非常纯朴的，可以保持他的本心本性。"人非有品不能闲"，一个人得有品味，才能够闲下来，才能够从浑浑噩噩、忙忙碌碌、蝇营狗苟的世俗社会来到自然里面，放下身心，放下妄想，放下杂念，获得精神的纯净，心灵的栖息。

尼采说：真正的思想，像仲夏之夜，沉睡在麦田上面散着芬芳的气息。我喜欢哲人如此诗意的表达。最高的思想必定达到诗的高度，诗的极致必有哲学的深度。对我来说，真正的思想，就像面对一杯茶，拥一份淡泊，守一份宁静，人生的底蕴也愈发厚实、愈有意味！与茶对坐，虽然一句也没有，却又仿佛无话不谈地默契。默契是一种心灵感应，是生命交汇时碰撞出的火花，山与水是默契的，云与风是默契的，花与叶是默契的……一杯茶在手，心中是无限的欣悦，原来那种欢喜叫会心。

雪夜品茶更是一种美，一个人细致地烹茶、滤茶、泡茶，清澈的茶水已经呈现，端起茶碗，闻香、观色、品茶、回味，淡淡的茶香萦绕……链接着思想的光芒和火焰，雪、夜、茶、人，浑然一体。

说到底，生活、工作的核心，就像品茶的心，那就是和、敬、清、寂。只要有了这样的心境，无论是在清雅幽静的山林间，还是在熙熙攘攘的人群中，都能如同品一壶好茶。通过品茶，一定可以悟到人生真谛，理会到茶在管理中的神奇妙用，一生受用不尽。

2013 年 12 月 30 日

正人先正己^①

　　春秋时晋国有一个叫李离的人，是晋文公的狱官。有一次审理一桩案子时，李离因听信了下属的一面之词，将一个人冤死了。真相大白后，李离准备以死赎罪。晋文公说："官有贵贱，罚有轻重，案子主要错在下面的办事人员，又不是你的罪过。"李离说："我平常没有跟下面的人说，我们一起来当这个官，拿的俸禄也没有与下面的人一起分享。现在犯了错误，怎么能将责任推给下面的人呢？"

　　李离拒绝晋文公的赦免，伏剑而死。

　　这个故事给了我很大的启发。其实，学校的管理工作也一样，正人先正己，做事先做人，管理者要想做好工作，必须以身作则，示范的力量是惊人的。不但要像先人李离那样勇于替下属承担责任，而且要事事为先，严格要求自己，一旦通过表率树立起在员工中的威望，必将上下同心，事半功倍。

----

　　①　应《现代教育报·校长周刊》约稿，发表于该报 12 月 4 日"管理智慧"。

管理是一群人齐心协力做一番事业的过程，那么领导者尤其重要；当一个人不能管理自己的时候，便失去了领导别人的资格和能力。管理好了自己，是自律，是守法，很多美德就具备了。管理好自己的时候，才有领导的资格，在组织中也是最好的成员。其他成员可能多少有些放纵，而你是最好的成员，所以大家会信任你，会愿意与你风雨同舟。

卢梭说过："在敢于担当培养一个人的任务之前，自己就必须先造就成一个人，自己就必须是一个值得推崇的模范。"

比如在我们学校，在操场上、在教学楼的走廊里、在学校大门边，只要地上有垃圾，老师和学生就会看见我习惯性的动作——弯腰捡垃圾。

如果我们对脚下的垃圾视而不见，那么，不管口号喊得多响，对学生喊得多凶，也不会起多大作用啊。校长要成为每个老师的楷模，每个老师要成为学生的楷模。只有校长做到了，老师才会跟着做；老师做到了，学生才会跟着做。正是因为有了捡垃圾的"身教"，现在校园内乱扔垃圾的行为几乎绝迹了。

对于管理工作，我们有自己的理解，"管"是科学的、理性的、客观的、可分析的，"理"是人性的、感性的、主观的、可意会的。孟子曰："以德服人，心悦诚服也。"因此，决策者必须具有令人信服的道德修养，优良的品德是管理的前提，此外，事业心和责任心，是干好一切工作的首要条件，有了这些，就会努力工作，就会提高各方面的能力，就会严格要求自己，就会以身作则，尽职尽责。只有身先士卒，才能服人。"打铁还得自身硬"，这是自古以来人们公认的朴素真理。

要做一个成功的管理者，态度与能力一样重要。想当一个好的管理者，首要任务是自我管理。处人不可任己意，要洞悉人之常情；处事不可任己见，要明白事之常理。校长，并不是高高在上的长者，而是一个谦恭的学者，懂礼贤下士的智者。商量之中出主意，信任之中出力量，自然顺应民心、师心、生心，能调动一切力量促进学校的发展。学校的创建不仅是校长的事，也不仅是管理层面的事，它涉及每位教职工，涉及学校的各个层面，这是一个共识。

俗话说"没有规矩，不成方圆"，一所学校和一个国家一样，必须要有健全的规章制度。但制度的建立必须是科学的，人性化的。而制度必须做到：己所不欲，勿施于人。

管理是制度的管理，也是人的管理，校长要采用换位思考的方法，设身处地了解教师的需要、苦衷和感受。尊重教师是管理的基础，但更重要的是关怀、体贴教师。比如切实帮助解决教师的困难，道路坎坷扶一程，困难时候拉一把，在加强制度管理的同时，注重人性化管理，刚柔并济。

要说我对管理的终极理想，还是"悠兮，其贵言，功成事遂，百姓皆谓'我自然'"——最好的管理者是，你在领导，可别人并不认为你在干预他。

2013 年 12 月 5 日

院子里的香椿树

周六的早上，难得有片刻悠闲，想给自己做个早餐，到厨房找一找，居然找到我母亲做的一小罐咸菜——腌香椿，真是如获至宝。看着鲜嫩肥硕的香椿芽，我的脑海里不禁浮现出对家乡香椿树的记忆，往事一幕一幕，如潮水般袭来。

我的老家沂源是山东省海拔最高的县，素有"山东屋脊"之称，沂河发源于此，沂源因此而得名。有一首歌唱道："我的那家乡沂蒙山，高高的山峰入云端。泉水流不尽；松柏青万年……"是啊！家乡处处有好景，不必说巍峨的蒙山，不必说著名的诸葛亮故居，也不必说苍松翠柏、茂林修竹，单是那香椿树就足够我深深怀想的了。

春天，天气逐渐变得温暖且舒适，到处洒满了绚丽多彩的阳光。院子里的香椿树沐浴在金色阳光中，枝头已有暗红的嫩芽儿绽出，仿佛沉睡着的花苞……

孩提时代，我每天都在香椿树旁玩耍，上小学时，我曾拿它修长的叶茎做过运算工具，至今还记得每天写完作业后，那残留在指尖淡淡的香气。后来去美国留学时，看到美国小学的孩子学数学，他们用一堆小玩具做运算工具，又激发了我对香椿美好的回忆……

幸福的时光，莫过于临近年关的腊月夜晚，爬在土炕上看母亲做香椿鱼。平常烧的是软柴如麦草、玉米秸，这时烧的是硬柴火，有棉花秆、树枝、干树根。硬柴烟少火旺，灶膛里通红通红，发出灿烂的光，把母亲的脸照得异常清晰，包括她脸上每一滴汗渍、每一道皱纹。母亲表情专注，目光温暖而慈祥。平常清汤寡水，缺肉少油，只有这个时候，家里才比较奢侈。锅里的蒸汽一波一波冒出来，那个香啊，让人馋涎欲滴。

鲜美的鱼，从沂河里捕捞上来，小火慢炖，鱼鲜汤醇。鱼熟之际，于汤中撒上香椿叶，那鱼汤便是世上最美味的汤了。而且，必须是母亲亲手做才最可口。那鱼汤，我可以连喝两大碗。后来，我也曾尝试着做过香椿鱼，而味道总也赶不上母亲做得好。想来想去，终于明白了，做鱼的工序一样，只是母亲比我更耐心，而母爱深深，情之所至，所以做出来的香椿鱼才格外好吃。

上初中以后，每天带饭盒，农家的日子极为清简；清简的饭菜，却好吃得一辈子都忘不了。那时母亲总是麻利地摘下一把香椿，洗净，切得碎碎的，然后洒上细盐，搅拌均匀，再浇上一点小磨香油，有时候还会掺些芝麻。拿着馒头，就着这千载难逢的凉拌美食，那是人世间至美的味道。

母亲曾经对我说过，每次带饭，吃完后都要刷干净饭盒。有一次，我因为贪玩就忘刷了，第二天背着书包和饭盒上学，到中午一打开，突然发现饭盒是空的，而且还是前一天中午吃剩的样子，当然也没刷。我很惭愧，就在学校里刷了，饿了一下午的肚子，回到家，母亲问："饿不饿？"我低下头没有说话。母亲说，以后记住，一定要把该干的活干了，不然就会饿肚子。

后来，出外读书，离开了家乡，就很少再有机会一饱口福了。但没想到，城里的菜市场上却出现了这稀有之物。本以为还能找回从前的那种感觉，但一切均未能如愿。温室里的香椿无论如何都比不上自家小院那棵经历过春夏秋冬风雷雨雪的香椿树上的香椿叶，那是大自然孕育出的精华啊。

有一次在餐厅吃饭，点了鸡蛋炒香椿，但根本就不是家乡的味道。遗憾之余，也让人感叹，美好的事物总是还未来得及细细品味，就离开了，留下的只是回忆。也许是香椿树在提示我，每一个平凡的日子，都要且行且珍惜。

多年前，当我离开故乡的时候，并没有想到，那一点儿也不起眼的香椿，会以那不绝的清香，萦绕在我的心头；更没有想到，每当我走向一个又一个崭新的环境的时候，在我最苦闷与彷徨的时候，首先想到的就是它。它并不高大，并不伟岸，却耸立在我的脑海里，我用思念的手指微微拈动一下它的叶片，折叠在我心中的记忆便会层层叠叠地打开，湿漉漉地打湿了我的双眸。想起它，我便想起了那所洒落过我童年的忧伤与欢乐的院落。它为我们奉献着自己的一切，当我遇到困难时，它能以泰山之雄给我勇气，让我树立战胜困难的信心。

香椿树的生命力极强，对生存的环境没有苛求。无论是在山崖石缝，还是房前屋后；无论是在贫瘠的荒原，还是肥沃的土壤中，它随处都能茁壮地生长。另外，它还有百折不挠的气概。为了让它生长出更多细嫩的枝叶，许多时候村民们会将它们的树冠折断。在连续遭受致命的打击后，它非但没有消沉下去，反而会生发出更多的嫩芽来，为人们带来更大的收获和欣喜。

故乡的香椿树，已然成为我心灵深处的精神图腾。其实，自然界的规律和做人、做教育的道理非常相似，人的精力有限，不可能在人生道路上遍地开花。当我们想学业、事业有成时，就要严格控制自己的不良嗜好和无关行为，比如，一个人热衷吃喝玩乐，上网玩游戏，但又渴望做一个人人羡慕的成功者，这怎么可能呢？就像香椿树，要想结出浓密的嫩芽，就必须把影响嫩芽生长的疯长劲儿打掉。

每年，母亲都会腌制一些香椿芽，整整齐齐地封在玻璃瓶里，可以存放很长时间。我们兄妹几个每家都有，都是母亲做的。腌制的香椿芽，就着米粥吃，或者拌在面条里，很香、很香……

香椿一下锅，故乡的气息便扑面而来，催出我满眶泪水。我终于明白，多年来，故乡一直在我心灵最深处栖息，即使我不停地走，走得再远，也永远走不出母亲的视线。

午夜梦回，我又看到了故乡：清晨的山林，空气湿润，四处散发着花草的芬芳。阳光透过晨雾，洒在苍苍莽莽的群峰之间，白茫茫的枯去的箭竹如同秋芦，金斑喙凤蝶在山荷花上飞舞，林蛙在潺潺小溪里"邦邦"地鸣叫，小松鼠攀缘红桦树嬉戏，它们身边有红艳的火棘果，点地梅一朵一朵地在地面上绽放，林边的珙桐开着洁白花朵，红隼，在蓝天上飞翔。

悠远、宁静、透明的时间，栖憩在喧嚣的山林，苔藓布满石壁，蜜蜂嗡嘤，蝴蝶翩飞，云在天空中行走，风在枝头行走，人在大地上行走，这是多么美好的事情呀。

我快步走在回村那曲折幽深的小径上，一路芳草萋萋、野花簇簇，苍松翠柏与茂林修竹连绵不断，这一切像仙境一样迷离，顺着幽径继续前行，远远的，我就看见人间最美的风景，阳光越过老屋的屋顶，落在了后院里，低矮的香椿树沐浴在一片阳光中，枝头已有暗红的嫩芽儿绽出，仿佛沉睡着的花苞……

2013 年 11 月 26 日

我的读书时光

  法国作家让·雅克·桑贝（Jean-JacquesSempé）画过一幅漫画，一个小孩在海边筑沙堡，当他筑好了，不一会儿就被浪头打翻，打翻了重新筑，再打翻再重新筑。后来浪不来了，小孩自己三下两下把沙堡推倒了。

  其实读书就像孩子筑沙堡，要勇于筑，也要勇于打破。看那看不见的东西，听那听不见的声音，探知那未知的事物，才是真理。

  养心莫如静心，静心莫如读书。读书永远是我最好的享受，有时候觉得自己是个非常无趣的人，不爱唱歌，不爱跳舞，不爱体育运动，也不大喜欢交际、应酬，最喜欢的事还是读书。

  我不大喜欢藏书，每次读到好书，读完后总是习惯送给朋友、同事、学生们分享，有时候故意"遗忘"在咖啡馆，让书遇见更多"有缘人"。但不足之处是，当我回头还想看的时候，那本书已经不知所终了。很多时候，自己以为看过的书籍都已成过眼烟云，不复记忆，其实他们仍是潜在的。在气质里，在谈吐上，在胸襟、在眼界，也在生活和文字中。

雨天读书，心无旁骛，窗外细雨飘落，晶莹剔透，这时坐于窗下，摒弃世俗杂念，捧读一本好书，在茶香与书香的相融交映里，总会感到一种别样的恬静。

夜晚读书，孤灯一盏，万籁俱寂，握一卷于案头、于枕上，真有说不出的惬意。大夜弥天，四下无声，书中情节之波澜曲折，文辞之绮丽绚烂，皆入于心。渐觉躯随物化，恍然千年，真不知身在何世。

回想起来，最动人的时光，还是少年时读书、游玩、休憩……那时的空气是清新的，林间是静谧的，耳边是鸟语啾啾，花香扑鼻，坐在树上或是躺在树下翻一页书，累了打个盹，何等的惬意！

在我的中学阶段，读得比较多的是古诗词，其中《诗经》尤其令我喜欢。《诗经》中感情的纯粹优美，如同雪山清泉：

凤凰鸣矣，于彼高岗；梧桐生矣，于彼朝阳。（《卷阿》）
呦呦鹿鸣，食野之苹。我有嘉宾，鼓瑟吹笙。（《鹿鸣》）
昔我往矣，杨柳依依。今我来思，雨雪霏霏。（《采薇》）

直到现在，无论用何种姿态翻阅《诗经》，那种震撼人心之绝美，常常让我无言，甚至恍惚觉得，《诗经》一出，便已是不可逾越的绝响。

低矮的房屋，昏黄的灯光，这是我记忆里最深刻的一幅画面。晚上凑在煤油灯下看书，对我来说是戏剧性的陶醉，也是童年生活中动人的风景。

没有通电的年月，煤油灯是夜的灵魂。

灯是自己动手做的，一个空墨水瓶，两块铁皮，一块铁皮卷成细而短的筒，筒里插进棉线捻子作为灯芯，另一块铁皮剪成圆形嵌在灯芯的颈部，然后在瓶里添上煤油。那结在灯芯上的一星灯火，通过线捻儿的根系滋滋地吸着煤油，像禾苗吮着土地里的水分。

那时的夜安静得出奇，除了弟弟妹妹的鼾声，风吹树叶的沙沙声，牲口吃草的"更更"声和偶然一两声狗叫，再没有别的声音。在如此静谧的环境下，人完全融入书里了，情不自禁和书中的人物同欢乐、共忧愁；书中描写的一切，就像刀刻一样记在心里，永生难忘。那时候读过的东西，至今记得清清楚楚。

还记得当时背诵过的纪伯伦的诗句：我愿为追求理想而死，不愿百无聊赖而生。我希望在自己内心深处，有一种对爱与美如饥似渴的追求。因为在我看来，那些饱食终日，无所事事者是最不幸的人，不啻行尸走肉。在我听来，那些胸怀大志，有理想、有抱负者的仰天长叹是那样悦耳，胜过管弦演奏……

如今，煤油灯已成古董，我时常会怀念起如豆的灯光下，年少时的光荣和梦想，往事在记忆里散发着温暖的光晕。

年过四十之后，我有了系统读经的愿望，但心力修为浅薄，我读得多，偶有所得，读懂的却甚少。其中《圣经》《心经》《金刚经》是必读的入门，我并非想去皈依，而是试图触摸彼岸，寻找灵魂的家园。

在这个匆忙的时代，大家都在忙着认识各种人，以为这是在丰富生命。可我觉得最有价值的遇见，是在某一本书中，某一瞬间，重遇了自己，那一刻才会恍然：走遍世界，也不过是为了找到一条走回内心的路。

在这个匆忙的时代，大家都拼命追求成功，我也不能免俗，但我眼里的成功是"桃李不言、下自成蹊"，是"得天下英才而教育之"，是读到一本好书的欣喜若狂。成功——它不是衡量人生价值的最高标准，比成功更重要的是，一个人要拥有内在的丰富，有自己的真性情和真兴趣，有自己真正喜欢做的事。只要有自己真正喜欢做的事，在任何情况下都会感到充实和踏实。照我的理解，把自己真正喜欢做的事做好，尽量做得完美，让自己满意，这才是成功的真谛，如此感到的喜悦才是不掺杂功利考虑的纯粹的成功之喜悦。

一个人过日子花时间的方式，决定了他的生命品质。人生苦短，我只想让自己有一个简单成熟而幸福无比的心灵，我希望我的心灵就是一座图书馆。人生是一种习惯，甚至只是一种阅读习惯，我常常想，天堂大致就是图书馆的模样。

喜欢读书、喝茶，水是沸的，书是静的。一几、一壶、一人，一书、一幽谷，一天下。

2013 年 5 月 28 日

做自己情绪的主人

越战期间，一位美国男子每晚都点根蜡烛，站在白宫前表达其反战立场。一个雨夜，他还是站在那里。有记者问他："先生，你真以为你一个人拿着蜡烛站在这里，就能改变这个国家的政策吗？"那男子回答："我这样做不是想改变这个国家，而是不想让这个国家改变我。"

一位禅师在山里行走时看见一只蝎子掉到了水里，禅师连忙出手相救，谁知一碰，蝎子蜇了他的手指。禅师无惧，再次出手，这时又被蝎子狠狠蜇了一次。一旁有人笑话禅师："它老蜇人，何必救它？"禅师回答："蜇人是蝎子的天性，而慈悲是我的天性，岂能因为它的天性，而放弃了我的天性？"

读完以上两个故事，聪明的你，会有什么感触呢？你是否会觉得：这样的人太执著了，多傻啊！不值一哂。我们还是不要那么呆板的好。有人刻薄地嘲讽我们，我们马上尖酸地回敬他；有人毫无理由地看不起我们，我们马上轻蔑地鄙视他；有人在我们面前大肆炫耀，我们马上加倍证明我们更厉害；有人对我们冷漠忽视，我们马上对他冷淡疏远……

看，就在不知不觉中，我们讨厌的那些人，轻易就把我们变成自己讨厌的那种样子。这才是"敌人"对我们最大的伤害。

我们是不是一直在受着影响而不自知？我们是不是不知不觉变成了我们讨厌的那种人？不自觉地立刻针锋相对，是自我保护的本能，也是修为不够。如果一个人内心真正强大，无论别人出什么招式，都可以不接他的招。内心宁静，行为洒脱，无招胜有招。

一个内心强大的人，才是真正有思想的人。内心强大，表明他对这个世界，对社会，对人生，已经有了一整套比较完整的看法。内心强大的人，不必色厉内荏，咄咄逼人，甚至有时候，微笑和沉默就足够了。微笑和沉默是两个有效的办法——微笑能解决很多问题，沉默能避免很多问题。我想也许世上只有一样东西，能始终经受住生活的冲击，那就是一颗宁静的心。

这让我想起一位智者，智者在旅途中遇到一个不喜欢他的人。连续好几天，那人用尽各种方法污蔑他。最后，智者转身问那人："若有人送你一份礼物，但你拒绝接受，那么这份礼物属于谁呢？"那人回答："属于原本送礼的那个人。"智者笑着说："没错。若我不接受你的谩骂，那你就是在骂自己。"

原来高雅不是引人注目，而是令人难以忘怀。

在生活中，我是个闲不住的人，崇尚优质、高效、快捷的工作。有老师评价我"行如风"，走路的时候，一般人需要一路小跑才能跟得上。我对工作充满了激情，激情是一种饱满的精神状态，是一种积极的工作态度。激情可以使我们释放出潜在的巨大能量，发展出一种坚定的执著，激发出创造的活力；激情能够感染周围的朋友和同事，形成奋进的群体。

但我有时也会疲累、懈怠，充满了无力感、挫败感，比如有个别家长，他总是误会你的好意，总在家长群体里发牢骚，总喜欢不断散布负面信息，甚至还有的跑到学校指着我的鼻子就骂……

好在我会马上警醒，调理自己、提升自己，如果我也因之学会消极、敷衍，生命将会被琐碎消耗殆尽。人生没有那么多的公平可言，偏转一下航向，逆风就会成为顺风。

有的人做事应付，半途而废，懒散，不好运动，身体差，脑子慢，性格孤僻……试想，我愿意成为这样的人吗？有时候，最大的敌人不一定是外来的，而恰恰是我们自己！——我们是不是因为犹疑、拖延，难以把握机会？我们是不是没有更高的理想而容易满足现状？我们是不是因为缺乏信心而不敢面对未来？我们是不是因为不敢去突破而未能有所突破？如果我们不能战胜负面情绪，那么负面情绪就会掌控我们。

伏尔泰说：使人疲惫的不是远方的高山，而是鞋子里的一粒沙。在人生的道路上，我们很有必要学会随时倒出鞋子里的那粒沙。

有什么样的心态，就有什么样的生活。人生在世，谁都难免遇到些不如意的事情，如果消极对待，自怨自艾，就会掉入痛苦的深渊不能自拔；如果以乐观的态度，积极对待生活，生活回报给我们的也将是快乐与幸福。

视工作为享受，我们就会积极地去投入、去努力，于是有了良性循环。反之，如果把工作当作一种痛苦的历程，我们就会心生不满，凡事抱怨，敷衍了事，从而一事无成。

我受益于工作的激情，一个人热爱事业，就会把爱和进取精神融入所从事的工作中，工作就是乐趣，每天积极主动，充满热忱，想方设法把事情做好，浑身就有使不完的劲，潜能也得以充分释放。日常工作平凡而辛劳，充满激情会是人生最高的享受。

有时候，生活就是这样琐碎，日复一日，年复一年，我们需要停下来，倒倒鞋子里的沙子，然后继续前行。在我看来在象棋中最不起眼的就是卒，但是如果别人问我最喜欢象棋中的哪个棋子，我会说是卒。人生就像卒子一样，需要一步一步踏踏实实地走，只能前进不能后退——因为当我们后退的时候，就是放弃人生的时刻。卒子没有华丽的跳跃，但是走好了，同样可以将军。人生同样如此，没有绝对优秀和绝对低劣的路径，即便是最最不起眼的羊肠小道，也会拥有大路所没有的独特风景……

要想铲除旷野中的杂草，方法只有一种，那就是在上面种上庄稼。同样，要想让心灵没有纷扰，唯一的方法就是要用美德去占据它。当一个人内心被美德占据，他会变得强而有力，善于自我控制，而能够用理智和意志驾驭自己的感情，便能成为自己情绪的主人。也只有这样，我们才能做生活的强者和事业上的成功者。

大智者必谦和，大善者必宽容，小智者才会咄咄逼人，小善者才会斤斤计较。有大气象者，不讲排场；讲大排场者，露小气象。大才朴实无华，小才华而不实；大成者谦逊平和，小成者不可一世。真正优雅的，必定有包容万物、宽待众生的胸怀；真正高贵的，面对强于己者不卑不亢，面对弱于己者平等视之。

人生的路漫长而多彩，就像在大海上航行，有时风平浪静，有时惊涛骇浪，只要我们心中的灯塔不熄灭，就能沿着自己的航线继续航行。任别人嘲笑也好，任风吹浪打也好，勇敢面对自己，向内心的更深处出发。总有一天，我们会在不经意之间，遇见那个我们最想成为的自己。那个自己，卸下了在都市丛林里背负的重重铠甲，朝气蓬勃，宛若新生。

2013 年 5 月 6 日

一个人的田园牧歌

真是一件有趣的事情！

半年前买了几只红薯，其中一只滚到阳台的角落里，等我发现它的时候，红薯已经发了芽。大半年了，它默默躺在角落里，没有人管，也没有烂掉，真让人惊喜。

我随手拿起一只盘子，盛水养起红薯来，让我更惊喜的是，几天下来长出很多白色的根须，盘子已经盛不下了，怎么办呢？我把它转移到煲汤用的罐子里，用清水养，没有泥土，也没有阳光雨露，没想到红薯还是能够迅速成长，几乎一天一个样，那蓬勃的生命力让人感叹，十来天绿色的藤蔓就爬满了我的阳台。

红薯的生命力非常顽强，记得小时候曾经看见生产队的妇女们坐在一起剪红薯苗，剪成一截截的，插在地里就能长。要说对红薯，还真是怀着一种复杂的感情，小时候没粮食吃，一方面靠吃它救命，但另一方面吃多了胃酸，真是吃伤了。

我想起有次逛商场买了只水晶花瓶，花瓶做工精细，一直在家闲置着，就找出来，盛了水，掐了一截插在花瓶里，花瓶晶莹剔透，薯苗绿意盎然，搭配在一起居然也很美，跟吊兰似的。

喜欢一句话：一类人忠臣孝子，两件事读书耕田。

做忠臣孝子容易，读书也容易，但对于在钢筋水泥的丛林里穿行的都市人来说，耕田只怕没那么容易，甚至只能是心里的梦想。记得在我刚参加工作的那几年，每个周末都回家帮母亲干农活，耕田犁地、播种锄草、嫁接果树，什么农活都会干。

春天来了，父亲母亲把农家肥用农具倒上一遍又一遍，拣尽里面的每一块石子瓦片，然后再把它们堆起来，培结实，直到肥堆里钻出丝丝缕缕的甜香。

我的朴实善良的父亲母亲，当他们面朝黄土背朝天，当他们的衣衫后背总被汗水打湿，他们的气质依然端庄高贵。向土地施肥时，母亲从不用农具，而总用双手去捧了，总是把捧起的肥料恭敬地放在庄稼的根部。后来我才明白，这是一个庄稼人对土地的尊敬与感恩呀！我突然也明白了，长在母亲土地上的高粱为什么那么红、地瓜为什么那么甜、玉米为什么金黄灿烂了。只有享用过如此大餐的土地，才会养成出类拔萃的五谷！

一粒普通的种子放进地里去，土地还给人类一株结实的庄稼，又捧出五颜六色的果实，这是土地对人类的回报呀！站在家乡的土地上，我深深理解了：母亲尊敬土地是因为土地与母亲的心是相通的。

"每个人心里一亩一亩田，每个人心里一个一个梦，用它来种什么，用它来种什么，种桃种李种春风……"

因为工作的关系，我常常思考什么是最好的教育，什么是爱孩子的最高境界？蓦然回首，母亲以及故乡的土地早已经给予了我想知道的一切答案。后来，我怀着母亲对待土地那样的谦卑，信奉教育是心灵与心灵的碰撞，虔诚地在学生的心田里播下爱心和智慧的种子……

真正地爱孩子，一定就是像我父母那样，在孩子内心留下父母相亲相爱、热爱生活的美好画面；留下父母努力工作、互相促进的生动印象；留下父母带着乐趣工作的幸福场景；留下父母看书学习的安静定格。等到有一天，孩子长大了，要离开家乡，开始自己的人生道路了，在他的记忆里，已经储存了丰富的美好画面，已经储存了积极向上的生活方式。

干完一天农活，往往累得筋疲力尽，但是心里却无比美好。在那些宁静的夜晚，我常常仰望着蓝宝石一样的天空出神，满天的星星一闪一闪，好像能听见星星的私语，夏虫也在叫唤，在如水的夜色里，思绪如脱缰的野马……而我觉得最美最诗意的风景是星星遇上湖水，星星倒映在湖里，一湖闪耀，美不胜收。然后，就着一盏小灯，读纪伯伦的散文诗：

我愿为追求理想而死，不愿百无聊赖而生。我希望在自己内心深处，有一种对爱与美如饥似渴的追求。因为在我看来，那些饱食终日，无所事事者是最不幸的人，不啻行尸走肉。在我听来，那些胸怀大志，有理想、有抱负者的仰天长叹是那样悦耳，胜过管弦演奏。

美好的诗歌令我热泪盈眶，我的眼泪只为爱与美而决堤。

在休闲的日子里总是喜欢去乡村，小桥流水人家，透着纯朴和率真。乡村的夜，好像比都市来得早，当都市霓虹闪烁的时候，乡村已是静寂无声了。远处偶尔传来几声犬吠，给静谧的夜增添了些许生动，静静地看湖光里的星星，觉得人生淡泊而美丽。

工业化开启了新时代，我们在机器的轰隆声中远离了宁静的夜晚。当夜暮降临，我们习惯去赴商业盛会，锦衣华服，推杯换盏，习惯了拥挤的交通，也习惯了经常搁浅在路上。只是偶尔还会仰望夜空，思绪万千，甚至为种出一棵红薯藤蔓，欣喜不已。

2013 年 10 月 29 日